交由三民書局印行，並綴數言以爲序。

劉　眞

中華民國八十一年九月

弁言

教育部於民國七十四年十一月成立人文及社會學科教育指導委員會，致力於各級學校人文及社會學科教育目標、課程、教材、教法及師資等問題之研究，俾能更切合實際需要，而有助增進教學效果。

本會現階段的主要工作，有學科研究、專題講演及專題研究等項。其中專題研究，係就人文及社會學科現有問題須加以探討以謀求解決者；或對於人文及社會學科方面，具有前瞻性構想能突破現狀而有所改進者，皆依據各學科教育目標，衡酌當前及未來社會之需要，並參考各國教育之趨勢，搜集資料，進行研究。本書：「英國小學社會科課程之分析」，卽係本會委託國立臺北師範學院教授張玉成博士，於本（八十一）年赴英國倫敦大學進修期間，擔任專題研究的成果。文中對英國小學社會科課程的分析，資料新穎，剖析透澈，不僅可供我國修訂小學社會科課程標準，或編輯教材之參考；且爲國小教師研究社會科課程，改進教學，提供詳實的資料。爰將本書

國立中央圖書館出版品預行編目資料

英國小學社會科課程之分析／張玉成
著. --初版. --臺北市：三民，民81
面；　　公分
參考書目：面
ISBN 957-14-1950-8（平裝）

1.小學教育-課程　2.小學教育-英國

523.45　　81005426

 英國小學社會科課程之分析

著者　張玉成
發行人　劉振強
著作財產權人　三民書局股份有限公司
印刷所　三民書局股份有限公司
地址／臺北市重慶南路一段六十一號
郵撥／〇〇〇九九九八－五號
初版　中華民國八十一年十二月
編號　S 52059
基本定價　叁元柒角捌分
行政院新聞局登記證局版臺業字第〇二〇〇號

ISBN 957-14-1950-8（平裝）

教育部人文及社會學科教育指導委員會主編

英國小學社會科課程之分析

張玉成　著

三民書局印行

自序

本研究的提出，主要緣於四個因素：㈠當今國家政治邁向民主，經濟力求升級轉型之際，社會所呈現的脫序亂象，須找出治本之道；㈡迎向公元二千年，預期未來社會變遷更加急劇，價值觀念益形多元紛歧，從小培育未來主人翁面對挑戰及經營優質社會生活之能力，實乃重要教育任務；㈢社會科被認爲是協助學生發展健康的個人生活和社會生活能力，以養成社會公民的主要科目，對於上述任務之達成義不容辭；㈣新國小課程標準卽將取代行之近二十年的舊標準，隨而新教材卽將編輯出版，以備師生使用；際此推陳出新關鍵時刻，多參考先進國家資料，可望多得一分收益。

研究對象選擇英國，則因基於下列考慮：㈠英國在歷史上有過輝煌的成就，尤以紳士品味、民主風範等至今仍爲世人所稱道；㈡回顧百年之前，英人海外拓疆殖民，強租香港等事蹟，顯示英國在文化或意識型態上有值得推敲之處；㈢一九八八年英國頒行教育改革法案，突破傳統訂定國家統一課程及其各種課程標準，教育行政由地方分權傾向改爲中央集權，此一逆轉具何意義，其國家課程內涵又如何等，頗值探討。

嗣至今年元月中旬初抵倫敦，每天冒著風寒趕路通學，讚佩英人地下鐵工程之偉大；據悉多屬百年前維多利亞時代的成就，更叫人景仰其眼光之遠大。坐在車上，發現人羣中或坐或立，聚精會神閱讀書報者約佔三分之一，這眞是國內難得一見的現象。步出地下鐵車站，欲過馬路，常如驚弓之鳥不敢穿越斑馬線，每每等到右邊來車停住，司機揮手示意才快步邁進，此時不免有愚昧之嘆和受寵之喜。參觀訪問十所倫敦地區小學，發現校舍大都老舊，一問之下方知又是百年建物，維多利亞時代的遺物。終日勞累回到居處，夜晚收音機傳來國會辯論實況，首相梅杰及各部會首長與議員答問之間，亦有吼叫干擾聲音，但是似乎彼此均有默契，片刻之後亂中生序。凡此種種親自體驗，叫我相信選擇英國做爲研究對象，乃是正確的決定。

本研究的進行，首先從閱讀文獻做起，內容以社會科爲經，以英國小學教育爲緯，包括專家學者之論著以及官方文件資料。繼之則趁在倫敦大學教育學院進修之便，安排參觀小學，實地瞭解行政與教學運作情形。最後匯集所得資訊，撰就本報告。

本文計分七章，首章概述社會科的意義、功能和內涵；第二章介紹英國小學教育概況及社會科在小學課程上的地位；第三至六章則分別譯述一九八八年後，國家統一課程的規範和社會科有關科目的課程內容：包括歷史、地理、公民教育、個人與社會教育、經濟與產業知識、環境教育等科的教學目標和教學綱要。最後一章則歸納英國小學社會科教學的主要困難問題，並提出其未來的發展趨勢。

本研究之完成，首須感謝教育部人文及社會學科教育指導委員會劉主任委員及有關長官之鼓勵；其次要感謝我親愛的內人和子女，因為有了他們的自治做為支持，我才能安心有效的在國外完成本項研究工作。

筆者才疏學淺，又因社會科涉及領域甚廣，文中疏漏錯誤難免，尚祈　讀者不吝指正。

張玉成敬筆於倫敦大學

八十一年六月四日

目次

圖一　警察到校向學童介紹馬的生活和工作

圖二　教師帶領兒童參觀大英博物館

圖三　學童座位彈性多變並重視合作學習

圖四　每班教室備具文具及課桌椅排列情形

第一章　社會科的意義和內涵

本章分三節敍述，首先探討社會科的意義，其次說明社會科的功能，最後介紹社會科的教材範圍。

第一節　社會科的意義

國人對社會科這個名詞並不陌生，一般人大都瞭解它是國小科目之一，主要在討論有關家庭、學校和社區生活內容與規範，介紹中外歷史和地理，並分析政府組織與功能等，以培育五育均衡發展之健全國民。

事實上，社會科一詞在英文教育文獻中與 Social Studies 一詞相近，其意義和內涵迄無定論，異中有同，同中有異；惟中、外看法並無本質上的顯著差異。

根據國際教育研究百科全書的指陳，社會科一詞的使用，早在一九〇五年美國學者瓊斯（

T. J. Jones）的文章中卽已出現。一九〇八年瓊斯出版《漢普頓的社會科課程》（*Social Studies in the Hampton Curriculum*）一書，關懷呼籲美國年輕的黑人和印地安人，務須瞭解、認識社會——社會如何運作及百姓應如何因應，否則無法扮好社會一員的角色（Husen & Postlethwaite, 1985）。

時至一九一六年，社會科在美國獲得認可成爲中等教育課程領域之一，教學目標旨在培養年輕人成爲有貢獻的公民。一九二一年美國成立社會科全國委員會（National Council for the Social Studies），更進一步推動社會科教育。

二十世紀以來，由於科技進步神速，社會變遷急劇，又因二次大戰的不幸，益使有心人士相信社會科教育有其必要，寄望學校加強其教學以樹立良好社會環境，建立穩健的世界秩序。

究竟社會科是什麼？有謂它是探討人際關係的學校科目之一；有謂它是將社會科學的內容、方法和發現簡化、重組後，用以教導學生探討人際關係的學校課程之一。此外，巴爾等人（R. D. Barr, et al.）則採綜合觀點界定說：社會科係探討人際關係以達成公民教育目的所需知識和經驗的綜合體（Husen & Postlethwaite, 1985）。

巴爾等人進一步分析指出，社會科有三個主要探討途徑：

一、社會科是公民資格灌輸的教育：使用嚴格規範的教材內容，塡鴨的教學方法，將有關單位認可的知識、信念和價值觀念，傳遞給學生，以加強其公民資質之培養。

二、社會科是社會科學的教育：應用發現式教學方法，協助學生熟悉社會科學的概念、歷程、和問題，藉以提升學生公民資質。

三、社會科是深思探究能力培養的教育：旨在透過反省思考及探究問題或事物能力的訓練，增進其做決定以解決問題的公民能力。

烏勒佛和史考特（R. Woolever & K. P. Scott）則強調，社會科可以從五種觀點來分析：公民教育的社會科、個人發展的社會科、反省思考的社會科、社會科學的社會科、及從事理性決定和社會行動的社會科（歐用生，民八〇，頁五）。

艾倫（G. Allen）在《小學社會科》（*Social Studies in the Primary School*）一書中指出，許多國家設置社會科課程用以取代歷史、地理和公民等科目，從而有人誤認爲社會科就是上述三科目的代名詞，內容相同。事實上，社會科有它特有的意義、功能和目標。

艾倫認爲社會科旨在研究人如何生活，如何工作，吃些什麼，玩些什麼等等，重點在人而不是物。歷史、地理之所以被歸屬在社會科，乃因它們的探討內容與人的生活有關（Allen, 1960, pp. 3-6）。

國內學者歐用生（民八〇，頁一〇）曾綜合提出社會科的定義如下：社會科是教導兒童熟悉社會科學的知識結構（內容）和探究方法（過程），澄清價值，以作理性的決定，並依據這種決定採取行動。兒童在此過程中獲得的經驗的總和就是社會科。

上述文獻資料對社會科一詞的詮釋，或可歸納出下列幾個要點：

一、社會科是學校課程之一，但它並不等於地理、歷史和公民的集合體，它的範圍領域更形廣泛。

二、社會科探討個人生活、社會生活有關問題，所以人羣關係，人與環境關係等都是其關心的事象。

三、社會科是講求知行合一，鑑往知來的課程。

第二節　社會科的功能

社會科的功能何在，學校為何設科施教？美國全國社會科審議會（National Council of Social Studies）於一九七九年指出：社會科教育的主要目的在培養年輕人在日益相互依賴的社會裏，做個人文的、理性的、和積極參與的公民。由於「沒有行動的知識是罔然的，沒有知識的行動是不負責任的。」因此，社會科應是知識、推理能力、責任態度、和行動參與四者並重，密不可分（Husen & Postlethwaite, 1985）。

一九八九年全美社會科審議會進一步強調，社會科的任務在使兒童和青少年有知識、技能、和民主的價值信念，以參與社會、政治、和經濟生活。在知識方面涵蓋了歷史、地理、政府、法律、經濟、人類學、社會學、心理學、人文教育（humanities），以及科學對人類的影響。技能方面包括獲得資訊的能力、組織資訊的能力，以及人際與社會參與的能力。信念與價值方面包括正義、責任、守法、自由、多元化、隱私權及國際人權等（教師研習會，民八〇）。

一九八一年英國學校委員會（Schools Council）出版《社會科的新途徑》（*The New Approach to the Social Studies*）一書，文中指出：社會科教學的目標，旨在：一、增進兒童對人類事務探討的興趣和能力；二、協助兒童瞭解他人的態度和價值觀念；三、發展兒童自己的價值體系（Schools Council, 1981, p. 7）。

教育研究百科全書引述柯夫曼（D. Kurfman）的資料，列述下列五項目標：一、增進使用分析的、科學的方法；二、充實社會科學方面的知識與問題；三、培養尊重自由民主社會的價值觀念；四、好奇並探索人類事物；五、敏於用創意方法解釋人類社會事務（Ebel, et al., 1969）。

艾倫（Allen, 1960, pp. 8-17）對社會科的功能和教育目標，曾有詳細的剖析。他認爲社會科有助於兒童的發展，因爲：

一、它可以增進兒童對自己所處環境的瞭解和掌握。社會變遷快速、急劇，兒童瞭解越清楚，越有助於自身的發展。社會科介紹自然環境（地理所教）、社會環境（社會學所述）、各類人種的環境（人類學所談）和人類過去如何行爲（歷史所載）等，助益可期。

二、兒童是社會成員之一。先是兒童社會的一員，次是成人社會的一員，再是世界社會的一員。由近及遠，由過去、現在及未來，各階段生活方式和境遇難能不變，因而學校社會科課程可望提供他們一些經驗、瞭解、及適應變遷的原則。

三、兒童心智的成長，除需要知識、經驗的累積之外，還需具有應用知識、經驗以解決問題的技能。社會科課程在這方面，可以有所貢獻。

四、兒童的社會行為發展，例如容忍、合作態度的培養等，社會科教學可以有所幫助。

五、個人的發展，常因天賦有別而需個別的輔導。社會科教學過程中，一因可以長善救其失，二因提供機會讓個人特色在團體中表現，有助兒童獲得肯定和尊重，從而得到良好調適和自尊。

艾倫（pp. 137-198）進一步指出，社會科教學貴能達成三項目標如下：

一、態度的培養——包括：

㈠尊重和欣賞他人，不因種族、宗教、貧富、性別、國籍、智愚而有差別。

㈡各種族、各國別人民，具有許多共同特質。

㈢各種族、國別、團體間必存有差異，但這些不同，大部分應予尊重與接受。

㈣人與人相處，要能團結合作。

㈤彼此間的差異或衝突，不必付之暴力亦可化解。

㈥敏於感知社會需求，並勇於承擔建立良好社區、國家、和世界的責任感。

㈦變遷是進步的象徵，應面對並尊重之。

㈧自立、自律是重要的公民特質。

㈨要有探究精神，不受限於功利觀念而樂於去增廣見聞，加深瞭解。

㈩世界和平，人人有責。

(十一)忠於家庭、社區、國家，乃至於人性。

二、技能的嫻熟——包括：

㈠研究的技能

其內涵包含瞭解並會應用下列事物：圖書目錄、圖表及視聽器材、字典、百科全書、年鑑、地圖集、電話簿、地理圖表、引得或目錄、使用說明、附錄、晤談、發言、實驗、掌握實物、詢求資訊、從校外獲得所需書刊等。

㈡發表、報告的技能

包括撰寫書面報告、準備口頭報告、設計圖表、繪圖、製表、做模型、表演、宣讀資料或報告、安排展覽、歌唱、圖示、設計小組工作成果的呈現方式等。

㈢社會技能　包含：

1. 容納他人不同意見、態度、或能力表現等。

2. 跟別人合作共事。

3. 幫助弱者。
4. 同心協力共同解決問題。
5. 貢獻意見，認眞參與討論。
6. 尊重他人工作權利，而不妄加阻撓。
7. 分擔責任，同舟共濟。
8. 服從多數，尊重少數。
9. 服從領導。
10. 友善待客。
11. 尋求他人協助。
12. 禮貌週到。
13. 愛惜公物。
14. 與他人共同使用材料、設備等公物。

㈣解決問題的技能

其主要歷程包括1.發現問題；2.界定問題或設定解決目標；3.選擇解決方案並尋求有關資訊；4.分析、篩選資料；5.應用所得資料，試行解決問題。

㈤閱讀的技能

內涵包括1.全文結構的掌握；2.印刷設計的瞭解；3.標點符號；4.啟承轉折的洞悉；5.照指引或說明行事；6.從文中找到問題答案；7.想像性閱讀；8.批判性閱讀；9.摘取重點；10.區分意見和事實；11.字詞的吸收瞭解。

三、概念的建立

社會科教學固然需要充實兒童的知識，但不以事實（facts）的瞭解與累積為滿足；事實知識增加之後，進一步要能建立概念或通則，俾能應用發揮，觸類旁通。譬如師生共同蒐集、報告完畢有關人類居住的「房屋」事實之後，貴能導引出下列概念：

㈠房屋的形式常依地區不同而有差別。

㈡房屋的形式常因使用功能不同而有差別。

㈢我們日常所需生活用品，靠很多不同行業的人工作努力得來的成果。

又如小學一、二年級社會科教學，若以「媽媽的家務事」為主題，於列舉報告細項事實之後，要能提出概念如：

㈠媽媽對於全家人享有幸福快樂生活，有很重要的貢獻。

㈡全家大小的家庭生活很仰賴媽媽。

再如小學二、三年級社會科教學，若以「對家庭生活有貢獻的人」為主題，則於列舉報告細項事實之後，貴能提出主要概念如：

㈠因爲有許多不同行業的人的貢獻，才使家庭生活所需食物與用品充實無缺。

㈡社會上人人相互依賴，相互貢獻。

國內學者司琦認爲：「社會科目的在培養兒童適應環境所需要的知識、技能、態度和習慣，使其充分發揮個人的潛能，而成爲社會上健全的一分子。」彭駕騂指出：「社會科乃將社會科學中部分素材，經選擇和組織後，爲達成教育目標所設計的科目，其學習重點，偏重在人的研究，而以協助每一學習者成爲社會上健全的分子，爲其最主要的目標。」李緒武則稱：「社會科教學目標，在充實學生的基本知識，獲得必須的技能，以及發展民主社會中優良公民所應有的態度。」（歐用生，民八〇，頁八〇）。

教育部人文及社會學科教育指導委員會，於民國七六年提出國民小學社會科教育目標建議方案，所列總目標和次目標內容豐富，頗值參考。總目標如下：

一、培養兒童積極的自我概念，充分發展健全的人格。

二、輔導兒童體認羣己關係，養成民主社會中良好公民必備的資質。

三、輔導兒童瞭解我國歷史、地理和文化，培養其愛鄉土、愛社會、愛國家的情操。

四、輔導兒童瞭解世界大勢，擴充其視野和胸襟，俾能促進國際理解和合作。

五、培養兒童批判思考及解決問題的能力，並發展其研究、創新的意願和精神。

六、培養兒童價值判斷和作決定的能力，並發展其統整的價值體系和積極的人生觀。

上述以「人」為中心的教育目標，總目標之一在培養「健全人格」，目標之二在培養「社會人」，目標之三在培養「現代化的中國人」，目標之四在培養「世界人」，層層擴充，逐步發展。該委員會強調理想的小學社會科教育目標，要合乎下列原則：一、兼重認知、技能、和情意三種領域；二、兼顧內容目標和過程目標，加強培養兒童應付變化和衝突的能力，以及價值判斷、解決問題的能力；三、重視求知能力和認知策略之訓練，以求知識內容、研究方法、和思考方式三者並重；四、要培育國民之民主素養，鼓勵社會參與，採取社會行動（黃炳煌、歐用生等，民七六）。

歸納而言，社會科功能旨在協助學生發展和增進個人生活，和團體生活所需的知識、技能、概念、態度及思考、抉擇、踐行的能力，以期達成培育健全個人、社會良民、優秀國民、和世界公民的教育目標。

第三節 社會科的內涵

至於社會科的範圍如何，內涵有那些並無定論。有些人認為歷史、地理、和公民的總和就是社會科的內涵。事實不然，一九六〇年代以後，概念導向的學者提出「新社會科」理念，主張社會科宜包含人類學、經濟學、地理學、歷史學、政治學、心理學、社會學等學術領域（Husen &

Postlethwaite, 1985）。

一九六四年史力文（M. Scriven）發表"The Structure of Social Studies"一文指出，社會科宜包括歷史、地理、經濟（含企業原理）、政府或政治學、心理學、人類學、民主社會問題、倫理學、邏輯學等（Lawton & Dufour, 1973, p. 31）。

一九六六年美國社會科學科專家及教育學者，集會於普度大學並將研討結果出版專集名叫《新社會科學課程的概念和結構》（*Concepts and Structure in the New Social Science Curricula*）。文中強調社會科教學，應以各有關領域的概念與通則爲中心，配合兒童年齡和能力，選編教材實施教學。所謂有關領域的學門，包括：社會學、人類學、政治學、經濟學、心理學、歷史學、和地理學（Lawton & Dufour, 1973, pp. 79-80）。

羅吉斯（Rogers, 1968, pp. 1-2）指出，社會科旨在探討人與社會有關的事務。所謂人，則指個人及羣體中的個人。他又說：社會科一詞，有些學校視之爲歷史和地理的代名詞；有些學校則採取較廣義的觀點，視之爲歷史、地理之外，還包括人文社會科學如社會學、人類學、政治學、經濟學、心理學、和哲學等內涵在內。

歐用生在《國民小學社會科教學研究》一書中歸納寫道：社會科課程和教材內容主要取自歷史、地理、社會學、政治學、經濟學、心理學、和文化人類學等七個社會科學知識領域（歐用生，民八〇）。

英國學校委員會（Schools Council, 1981）認爲：社會科是從事人羣探討的學問，所以歷史、地理、和社會科學——社會學、經濟學、人類學、政治學等，均爲其範圍領域。至於其對兒童發展的貢獻，則認知與情意並重。

若就先進國家小學社會科課程的內容而言，經分析指出：美國小學社會科內涵，主要包括歷史、地理、經濟學、社會學、政治學、人類學、和心理學等（洪若烈，民七五）。

日本小學社會科所包含的內容，主要有歷史、地理、經濟學、社會學、政治學、和生態學（教師研習會，民八〇）。

我國小學社會科教材內容，主要包含歷史、地理、經濟學、社會學、政治學、生態學等（教師研習會，民八〇）。

再就社會科教材單元分析，有助吾人對其範圍內涵之瞭解。勞頓和杜弗(Lawton & Dufour, 1973, pp. 189-190）二人於其合著《新社會科》（*The New Social Studies*）一書中，綜合歸納提出三十七個探討主題，合於小學中年級以上至高中程度社會科教學之用。它們共分五個組羣，內容如下：

第一組羣：社會團體：現代社會生活。

包括社區研究、市鎮生活、家庭、人口、工業化、社會差異、教育、法律、犯罪、宗教信仰、社會變遷、休閒生活、青年文化、大眾傳播、福利社會、種族關係、社會問題等十七個主題。

第二組羣：比較研究：包括不同時間和地點。包括演化、早期人類生活、古代文化、不同民族和文化等四個主題。

第三組羣：經濟研究：人類和工作。包括經濟結構、工作和工業、收入與財富、商業公會、比較經濟制度等五個主題。

第四組羣：政治研究：權力和影響。包括政治結構、壓力團體、政治行爲、和政黨等四個主題。

第五組羣：個人和行爲。包括遺傳和環境、個體與團體、個別差異、態度和偏見、學習、正常和不正常（變態）行爲、動物世界等七個主題。

參考先進國家課程標準內容，亦當有助於吾人瞭解、認識社會科的內涵。例如日本小學社會科教育目標，分爲

一、總目標：瞭解社會生活的基本知識，培養對本國國土和歷史的熱愛，養成民主、和平的國家和社會必備的公民資質。

二、學年目標：

一年級：㈠注意與自己的生活有關的人、事、物，培養社會成員的意識；㈡觀察日常生活中

經驗到的社會現象，並加以表達。

二年級：㈠瞭解各種職業及其與自己生活的關係；㈡觀察各種職業，並加以表達。

三年級：㈠瞭解社區的生產和消費，及其與自然環境的關聯，培養社區成員的意識；㈡觀察社區的社會現象，並以地圖或其他資料表現出來。

四年級：㈠瞭解社區的活動及居民的努力和貢獻，培育參與社區生活的意願；㈡瞭解國內具有特色的社區，體會人與自然環境的關係，更以廣闊的視野考慮社會的問題；㈢觀察社區的社會現象，並以具體的資料表現其特徵。

五年級：㈠瞭解本國的生產活動及其與國民生活的關係；㈡瞭解本國的地理環境，培養維護資源和環境的態度；㈢利用具體的資料表現本國的自然環境及社會現象。

六年級：㈠瞭解本國的文化遺產及先人貢獻，培育尊重本國歷史和傳統的態度；㈡瞭解影響國民生活的因素，及本國在國際社會中的地位，培育世界中的日本人的意識；㈢能應用本國歷史和國民生活有關的資料（歐用生，民八〇，頁八三～八五）。

至於我國國小社會科課程目標，依據民國六十四年公布適用迄今的課程標準規定，包括總目標和分段目標兩部分。總目標有四大項，茲列述如下俾便參考：

一、指導兒童從學校、家庭、社區等實際的社會生活中，體驗羣己關係，以養成適應社會、服務社會的基本態度與能力，實踐我國固有的倫理道德，發揚固有的民族精神。

二、指導兒童從歷史的演進中，明瞭中華文化的淵源與現代生活的關係，以培養愛民族、愛國家的情操，發揮團結奮鬪、合作進取的精神。

三、指導兒童從鄉土地理及我國的自然環境中，明瞭環境與民生的關係，以養成熱愛鄉土、改善環境的知能，激發建設地方、建設國家的意願。

四、指導兒童從倫理、民主、科學的實踐過程中，瞭解近代世界的大勢與現代文化的發展，激發莊敬自強、革新創造的精神（教育部，民六四）。

歸納而言，社會科的內涵廣泛，舉凡與個人生活和團體生活有關的事項都是它探討的對象。歷史、地理、和公民固然是社會科取材的範圍，其他如法律、政治學、經濟學、社會學、心理學、人類學、生態學等，也是它借重的領域。

本章綜要

綜觀本章以上所述文獻資料，筆者認爲社會科乃是爲協助學生針對自己生活的環境有更多的瞭解和掌握，以增進個人發展和社會繁榮進步爲目的的學校課程之一。因爲其生活的環境具有：

一、多元性，例如經濟活動、政治活動、保健活動等等，所以社會科探討的內容，包含經濟學、政治學、健康教育……等不同領域。

二、時空性，例如有過去、現在、和未來；又有本地、外鄉、和他國，所以社會科探討的範圍，包括歷史科和地理科的內涵。

三、團體性，例如人不能離羣索居，須跟家人、鄰居、社區民眾，乃至於全球人類生活在一起，所以社會科探討的領域，包括社會學、人類學、心理學等學門。

四、變遷性，例如物質文明的快速進步，意識觀念的推陳出新，生活環節或問題的變化不定，所以社會科教學的內容除傳遞知識經驗之外，還須啟發思考、加強應用的技巧和增進行動決定的能力，期能解決問題，創新環境。

總之，社會科以人的生活爲探討的核心，大凡與個人生活或團體生活有關的知識、技能、態度觀念等，均爲其選材的範圍；透過其教學，期能培育更多的健康個人，社會良民，和世界公民。

第二章　社會科在英國小學課程上的地位

何謂課程，其內容要素又如何？英國教育科學部曾界定說：學校課程係指所有在學校規範之下，設計用以促進學生智能、個人、社會和身體發展的活動。它包含正課之外，非正課如課外活動、學校倫理與校風（ethos）等亦爲其內涵。分析而言，課程一詞，具有下列兩重意義（DES, 1989）。

一、課程係指學習和經驗的範圍領域，包括：

美學與創意　身　體
人文與社會　科　學
語言與文字　精　神
數　　學　科　技
道　　德

二、課程係指學習的要素，包含：

知　識　　　　技　能

概　念　　　　態　度

欲求課程發揮最高教學功能，英國教育科學部強調它須具下列特質：

廣　度（breadth）　　　　差　別（differentiation）

平　衡（balance）　　　　進步與連續（progression & continuity）

適　切（relevance）

課程用以達成教育目的，教育科學部認爲英國五～十六歲的義務教育目標，計有：

一、協助學生發展活潑、探究的心靈，條理發問和論辯的能力，以及投入工作、身心靈巧的技能。

二、協助學生獲得適應快速變遷社會，成人生活和就業所需的知識與技能。

三、增進學生有效使用語文和數學的能力。

四、培育尊重宗教和道德價值的態度，以及包容不同種族、宗教、和生活方式的胸懷。

五、充實學生對自己所生活的環境、社會、和世界之瞭解，並提高其對個人彼此間、團體彼此間、國家彼此間相互依存關係之認識。

六、陶冶學生對人類成就和遠景，抱持欣賞、樂觀的態度（DES, 1989; DES, 1985）。

由以上英國最高教育行政主管機關所界定的課程領域、要素和所揭示的義務教育目標，顯然可見社會科的內涵和功能已被包含在內並受到重視。至於社會科在小學課程中的地位如何，茲分從㈠英國小學教育概述；㈡英國小學社會科教育之發展；㈢一九八八年後的革新等三方面敍述如下。

第一節 英國小學教育概述

英國小學教育發展得很早，工業革命之後卽因發覺勞工階級若不具備讀、寫、算能力，便無以提高其生產力，於是爲窮人孩子提供的學校教育開始推展，俾能增進其智能。時至一八七〇年教育法案，規定小學教育爲強迫性的、免費的教育；但中產階級以上家庭孩子，則大都就讀另一系統的學校，俗稱 Public School，屬私立學校。

早期小學教育招生五～十歲兒童爲主，一八九三年提升爲五～十一歲，一八九九年延爲十二歲。根據一九二六年青少年教育報告書建議，十一歲前的教育稱做 Primary Education，十一歲以後的稱爲 Secondary Education。在此之前，十四歲前的教育都用 Elementary Education 稱呼，此卽當前英人用 Primary Education 稱呼小學或初等教育的由來（Evans, 1977）。

傳統上英國人偏向認爲教育是私人性質，是自願性和宗教性的事業，政府對之一向抱持「非全國性事務」的態度。因此，民間與地方政府負有極大的教育責任，也具有較大的自主空間。

自由、民主是英國引以自豪的立國精神，中央儘量不過問地方，但是由於客觀環境因素的變化，困難問題必須面對，有時亦不得不遷就現實，做部份調整以求適應。此一情勢形成所謂「架構統一，措施分歧」（Unity of structure and diversity of practice）的現況（Evans, 1977）。

反映在教育上，其學校制度呈多元紛歧，就初等教育而言，有如下各種（DES, 1992a）。

一、縣市立小學（County School）——即由全國一一六個地方教育當局（L. E. A.）設立經營者。

二、政府補助之私立學校（Voluntary School）——屬私立學校性質，但接受政府補助及監督，大半爲教會學校。

三、獨立學校（Independent School）——完全自主自立的私立學校。俗稱公學（Public School）者屬於此類。

四、國立學校（Grant-maintained School）——依一九八八年教育改革法案，少數縣市立小學經申請改爲由教育科學部直接核列預算支持，而不受地方教育當局管核者。

以上四類小學係就其財源及行政隸屬而區分，若依小學招生及教育年段而分，則有下列類型：

㈠幼兒學校（Infants School）——招收五～七歲爲原則，漸有招收未滿五歲幼兒入學趨勢。

㈡初級學校（Junior Schools）——招收七～十一歲兒童。

㈢初級及幼兒學校（Junior & Infant School）——即前述兩種學校合而為一者，通常以Primary School稱之。

㈣第一進階學校（First School）——依一九六七年布勞頓報告（Plowden Report）建議設立者，為數日多，招收五～八歲或五～九歲兒童入學為主，亦有招收五～十歲者。

㈤中級學校（Middle School）——招收八～十四歲兒童，屬於小學後段與初中併設的學校。

根據教育科學部發布統計資料，一九九一年全國共有小學一九、○四七所，學生三、七八二、一○八人，全時教師一六三、六八六人，部份時間教師三七、四一九人，平均每校有學生一四六人，每班學生約二六人（DES, 1992a; Alexander, et al., 1992）。

近兩萬所小學，招收三百七十多萬個五～十一歲小朋友上學究為何事？一九八一年學校委員會出版《實用課程》（*The Practical Curriculum*）一書，列舉小學教育目標旨在協助兒童：

一、閱讀流暢、精準並能瞭解，體會和辨明。

二、書寫工整、正確，文法及標點符號使用無誤。

三、溝通能力健全無礙，無論口說或筆談均能因應場合時機及目標掌握妥切。

四、注意傾聽並能理解內容。
五、知道如何取得資訊，並使用各種方法有效加以紀錄、保留。
六、計算準確又快速。
七、把數學觀念應用到家庭、教室、學校及其它社會團體各種活動或場合。
八、觀察生物、無生物並予分類的能力。
九、熟悉各種科學的基本概念。
十、分析、解釋事實，探究解決方案，進而解決問題。
十一、增進自我瞭解及對他人的知覺能力，建立一套道德價值觀念及信心，堅守道德原則，以表現自律、優良品德。
十二、瞭解所住地區的地理、歷史和社會背景及國家傳統；由近及遠，拓展及於對不同時地的知識。
十三、掌握自已並嫻熟音樂、戲劇和工藝方面的器具，以使有操作演奏的能力。
十四、發展良好身體協調動作能力，並善於應用肢體動作以表達情感（SC, 1981, pp. 15-16）。

第二節　英國小學社會科教育之發展

早期英國社會科教育，分散於歷史、地理、和公民三科實施。

歷史科被認爲是社會科重要領域之一，英國早在伊莉沙白女王時代（一五五八～一六〇三年）就推出第一本歷史讀本，名叫《英格蘭歷史：1450～1509》（*The History of England from 1450～1509*）；但是，歷史成爲學校教學科目之一，乃始自於十九世紀後半葉（Rogers, 1968, pp. 5-6）。一八六七年因獲政府專款補助，英國小學開始教授歷史科目。時至一八七二年，修習歷史科兒童人數爲一六、四六五人，成爲當時最風行科目排行榜第三（Dickinson, 1992, p. 32）。

地理科也是於十九世紀末葉才正式設科授課，一八七二年時修課學生達五九、七七四人，爲當時小學修課人數最多的科目（Dickinson, 1992, p. 32）。

歷史和地理在課程上的地位，隨著十九世紀後半葉倫敦大學、劍橋大學、牛津大學等各校將之列爲入學考試科目之一，帶動中學的重視，間接也影響到小學對它們的重視（Rogers, 1968, p. 6）。

公民教育係另一早受重視的社會科領域之一。西方國家利用學校實施公民教育，早自亞里斯多得時代就開始。英國則在十九世紀末透過歷史、地理科教學，進行公民權利和義務的宣教。一八七〇年教育法案強調公民教育對實施憲政的重要；一九〇四年教育委員會（即教育部）呼籲教師和家長，共同重視培養孩子成為正直而有用的社會良民，國家所重視的兒女。一九一〇年，歷史教材綱要中列載三十五個公民教育有關單元，教育委員會再度強調：教師的重要功能在培育兒童準備過社會良民的生活（Dickinson, 1992, p. 24）。

迄至一九二〇年代，英國小學設有歷史、地理學科，間或含括經濟和政治學教材在內；但是，社會科一詞在二十世紀初期的英國小學課表上，幾乎找不到。當時史地教學偏重傳遞、塡鴨，有關社會科學的學習方法，幾乎未被重視。於是一九二六年的哈都報告（Hadow Report）建議：「教學應顧及學生所生活的自然和社會環境。」強調小學課程應與現實社會結合，以期培育青少年具備做個工業化社會良民的能力和條件（Lawton & Dufour, 1973, p. 3）。

一九三〇年代，隨著歐洲極權主義興起，英國教育學家及工作者起而重視民主觀念和價値的教育，於是成立了世界公民教育協會（Association for Education in World Citizenship），鼓吹學校課程加強歷史、地理、經濟、政治等科目之教學，以共同達成民主社會公民培養之目的。

一九四四年教育法案對英國社會科課程發展有深遠影響。該法案主張延長義務教育至十五歲，並創設現代中學（Modern School）。因此，中學階段入學人數大量增加，而學科成績較差學生紛紛流入現代中學。爲配合實際需要，便有社會科之設置，用以取代傳統的，較需要閱讀功夫的歷史科和地理科（Rogers, 1968, p. 8）。

二次大戰結束後，英國朝野共同感到人類相互瞭解、關懷的重要，認爲透過學校課程與教學當可建立更好的社會秩序。因此，官方報告、學者文章與書籍大量問世，呼籲加強社會良民的培育，此時堪稱爲「社會科運動」黃金時代。例如英國教育部於一九四七年發表〈學校與生活〉(School and Life) 一文，明確分析、探討家庭、學校、社會三者間的相互關係，並提示學校應對現代社會提供合適的道德規範。嗣後又於一九四九年印發第十六號手册，探討公民教育有關問題，提示社會良民之培育應增列時數，並且須透過各科教學實施，尤以歷史和地理科教師更是責無旁貸。至於教學方法，則倡導專題探討（topic or project method）策略，強調經由實地經驗與活動參與中學習，減少靜聽默讀的塡鴨教學。

上述呼籲與主張並未落實，社會科課程仍未取得地位。時至一九五〇年代中葉，社會科運動開始式微，中小學課程仍以歷史、地理兩科作爲社會科主要內涵（Lawton & Dufour, 1973. pp, 5-9）。

邁入六〇年代，由於科技進步所帶來的現代社會生活益趨複雜，快速遷變而難以掌握，引發更多的人寄望社會科學方面的研究，能有助改善人類生活條件或社會現況。因而英國大學興起社會科學（Social Science）的研究熱潮，例如：Sussex 和 Essex 兩所大學設立社會學院（Schools of Social Studies）。然而，小學階段仍以歷史、地理兩科爲課程，社會科並未設科。

一九六三年公布的紐森報告（Newsom Report）鼓吹、支持社會科課程的設立，文中指出：有關公民權責、時事要務、現代歷史和社會的探討等，不論有無名份，均須納入教學範圍，以提昇國民對當前社會的人與事務的瞭解（Rogers, 1968, pp. 17-21）。

一九六三年英國成立「社會科學教學協會」（Association for Teaching the Social Sciences）主張設立人文課程（humanities curriculum），強調借用社會科學的方法和內容，提高社會科的教學成效。一九六八年冬有多篇文章鼓吹政治教育之重要。同年，羅吉斯（V. Rogers）出版《英國教育的社會科》（*The Social Studies in English Education*）一書，更是竭力倡導社會科教學的重要。

一九六九年英國成立政治學協會（Politics Association），提供有志及正從事於各階段教育政治學科目教學者專業服務，並出版《政治學的教學》（*The Teaching of Politics*）一書，介紹有關政治教育方法和策略（Lawton & Dufour, 1973, pp. 11-15）。

一九六七年布勞頓報告（Plowden Report）呼籲重視幼兒童教育，強調教學應充分考量兒童的成長和發展，並提出下列小學教學科目：宗教教育、英語文、現代外語、歷史、地理、數學、自然科學、音樂、美勞、體育等（Thomas, 1990, p. 44）。

一九六四～一九七九年間英國中、小學教育日益受到中央政府的重視，連串的視導與調查之後，似乎發現英國教育問題重重，進而引發了一九七六～一九七七年間的大辯論（The great debate）。小學教育未能重視兒童係成長在工業化社會，是他們的論點之一；學校課程應如何改進，教育目標又何在等均引起熱烈討論，此時可謂英國教育的檢討論辯時期（Thomas, 1990, pp. 84-85）。

一九八〇年倫敦市教育行政當局出版《小學社會科》（*Social Studies in the Primary School*）一書，針對社會科的意義、教學目標、教材內容、教學方法、評量等探討介紹。文中指出：英國並無全國一致的社會科課程，政府授權學校及任課教師決定如何實施。除少數學校獨立設科外，大多數學校則配合歷史、地理及其它科目，採取專題探討活動設計（topic or project approach）方式。就教學而言，為免課程過多，乃採專題探討方式實施，有關單位只提出教材綱要或架構，以供學校及教師參考（Birchenqugh & Letheren, 1980）。

一九八一年學校委員會印發《社會科新論》（*The New Approach to the Social Studies*）一書，倡導社會科教學之改進；同年，教育科學部出版《個人與社會發展》（*Personal and Social Development*）一書，檢討過去中小學有關個人與社會發展方面的教育成效，並提供改革建議。一九八四年，兩本相關的書相繼問世：一是布林格（R. Pring）所著的《個人與社會教育》（*Personal and Social Education*），另一是威廉斯二人（T. Williams & N. Williams）合著的《個人與社會教育在課程中的地位》（*Personal and Social Education in Curriculum*），多所貢獻。

一九八五年，教育科學部印發《五～十六歲課程》一書，文中列舉課程領域，未將歷史、地理單獨設科，而以「人文與社會」取代。認爲人文與社會課程旨在探討人的本質及其生活、人際關係、人與環境關係、人類行爲、政府與法律制度等，內容廣博，僅能摘其要（DES, 1989）。

一九八六年英國國會「教育科學和藝術委員會」發表調查報告——小學教育的成就（Achievement in Primary Schools），對小學教育問題多所指陳並建議，影響所及，加速了一九八八年教育改革法案的訂頒（Thomas, 1990, p. 100）。

一九八〇～一九八八年期間，可謂是英國中小學教育改革醞釀期，社會科仍未取得獨立設科地位。

綜觀上述英國小學社會科教育發展經過，可歸納下列要點：

一、社會科一直未能單獨設科，但並不表示它不受重視，而係採取化整爲零的潛藏方式進行。

二、政府機關，學者專家均有共識，認爲隨著科技進步、工業發達、社會開放、政治民主等因素，加強社會科教育乃爲培養社會良民不可缺的工作。

三、歷史、地理兩科是傳統上英國小學課程中與社會科關係較密切者，通常採取專題探討活動方式進行教學，期由兒童實際參與活動與經驗中，獲得良好學習效果。

四、談論社會科教育，可能使用不同名稱。例如公民教育、政治教育、人文教育（Humanities）、個人與社會教育（Personal and Social Education, 簡稱 PSE）、宗教教育等文獻資料，均可能跟社會科內涵有關。

五、英國小學課程正醞釀變革，社會科課程如何演變值得重視。

第三節　一九八八年後的改革

一九八八年七月英國政府頒布教育改革法案（Education Reform Act 1988），此一具體行動或可說明了英國教育積弊已深，也表現了英國人面對問題的勇氣和振衰起蔽的決心。到底英國教育出了什麼問題，吾人或可從下列三次調查報告內容，窺知冰山之一角。

學校委員會於一九六八～一九七〇年間成立專案小組，針對英國八～十三歲兒童的社會科學習狀況進行調查研究，報告於一九七一年發表指出：八～十三歲兒童的學校教育，嚴重忽視社會科教學（Lawton & Dufour, 1973, pp. 43-45）。

一九七八年英國公布全國小學教育調查報告，經訪查五四二所小學，一、一二七班級，包括七歲、九歲、和十一歲的兒童就學狀況，結果指出：小學歷史和地理科大都採用專題探討活動設計方式進行，並常與宗教教育聯絡教學（HMI, 1989）。史地科目教學品質一般而言令人失望，觀察發現，許多史地課程流於形式，重複而缺乏進度；只有少數班級的教學，有助兒童重要概念的建立和主要技能的習得。

一九八二～一九八六年間，英國教育科學部再度進行全國小學調查，訪視二八五所小學所得結果指出：一、歷史和地理教學仍以專題探討方式進行爲主，大單元教學之下，含蓋了自然、語文、宗教、美術、音樂、社會、體育等科。二、就歷史科而言，無論專題性大單元教學或單獨授課，教學情況令人失望。幼兒班只有五分之一，初級學校只三分之一達到令人滿意水準。三、大部分學校不重視歷史課程，三分之二的幼兒班近乎完全忘記上歷史，初級學校也好不了多少。四、只有少數學校重視兒童親身經驗，帶領他們探尋古蹟文物，訪視第一手資料，並從自己家鄉探討起。五、校內聘有歷史專長老師者不及三分之一，備有歷史教學大綱學校約爲二分之一強。六、大部分學校設有足够的歷史科教學設備，如書本、教具等。七、由於缺乏整體規劃和掌握，約只五分之一學校注意到進度和連續性問題。八、大多數學校忽視針對學生進步情形做成紀錄。

有關地理科的教學情形，調查報告指出：一、一般印象令人失望，約只四分之一學校（含幼兒及初級學校）達到水準。二、地理科殊少單獨教學，甚而完全未教。三、大多採專題探討方式實施，併同語文、美術及其它相關課程聯絡教學，常失去應有的重視。四、常見的教學專題是：農耕、居家、氣候、動物、交通等。五、一般學校都重視由家鄉探討起，但擴及至全國、全世界的則嫌過少。六、大約三分之一受訪學校有一位較專長教師，以負責地理科教學諮詢工作。七、教材選擇缺乏計畫，約只二分之一學校備有地理科教學大綱。八、大多數學校設備不足，但安排校外參觀訪查活動則舉辦頻繁。九、學生學習進步情形缺乏注意，只有五分之一學校備有紀錄（HMI, 1989）。

一九八八年教育改革法案內容，有行政方面的變革，也有教學方面的創新。就後者而言，最引人注目者莫過於國家統一課程（The National Curriculum）的規定。這項違背英國傳統的突破政策，當時的教育科學部長說明了制訂的理由：

一、提供各校明確的努力目標，俾利自強不息，精益求精。

二、提供教師詳細而具體可期的教學目標。

三、提供家長清楚、明確的資訊。

四、建立各年級間和各級學校間學習進程的連續性和成長性。

五、協助教師專心致力於使每個兒童獲得最佳學習成效（NCC, 1990）。

國家課程適用於各公立中小學五～十六歲學生，受補助的教會學校和私立學校亦比照辦理；唯獨完全自主的私立學校（Public School 和 Independent School）不受其約束。國家統一課程的內涵，主要包括教學科目的規定、各科課程標準、和教學評量的規定。

先就教學科目而言，國家統一課程規定小學必須開授下列科目（DES, 1989c; ACE, 1989）：

一、核心科目（core subjects）——數學、英文、自然科學等三科。

二、其它基礎科目（other foundation subjects）——歷史、地理、工技（technology）、音樂、美術、體育等六科。

一九八八年教育法案承襲一九四四年教育法案精神，將宗教教育和團體崇拜（collective worship）列爲中小學生必修科目和活動項目。

上述核心科目和其它基礎科目（合稱爲國家統一課程），連同宗教教育和團體崇拜，併稱爲基本課程（basic curriculum）。

一九八八年國家課程頒布之後，反對、批評聲音不絕於耳，其中以掛一漏萬、偏頗不全的指責較爲尖銳。有鑑於此，國家課程委員會（National Curriculum Council）隨於一九八九年發布第六號公報，主題爲「國家課程與整全課程計畫」（The National Curriculum and Whole Curriculum Planning），強調學校課程並不以國家課程爲限，科目之間亦非截然各自獨立分離，學校宜採鉅觀角度整體規劃，靈活運作。文中指示（NCC, 1990c）：

一、整全課程係廣博、均衡的課程。包含國家課程所規定的九個學科（就小學而言）、宗教教育、其它外加科目（各校自決）、課外活動、以及跨聯課程各要項，甚而學校校風、校園倫理等潛在課程，亦當羅列於內。

二、整全課程不受正式課表的限制，宜應用各種策略和方法促進學生個人及社會行爲發展，推行各種教學型態以培育積極的態度和價值觀念，並與家長、社區建立良好關係。

三、整全課程須具彈性，以因應快速變遷社會；對那些國家課程未能規範的教學目標，宜主動予以補充。

四、整全課程須求結構完整，條理貫達，以避免淆亂。教師亦須協調配合，力求達到目標。

所謂跨聯課程（cross-curricular）要項，係指公民教育、健康教育、經濟與企業知識、生涯教育與輔導、及環境教育等五個主題。國家課程委員會認爲其內容爲國民所必備，但不在小學設科施教，而須於國家課程所列各科教材中溶入，隨機教學，亦可與課外活動相結合（詳請參見第六章）。

整全課程包含國家課程，而爲當前英國小學的課程全貌。

次就國定統一各科課程標準而言，內容包括教學目標和教學綱要，部份科目且有教學單元大綱。

國家統一課程標準之設計，將中、小學分成下列四個年段，並將各科教學目標所列項目，細分成十個等級，以配合年段需求。茲臚列如下：

年段	教學目標等級	備註
一（五～七歲）	一～三級	相當於我國小學低年級
二（八～十一歲）	二～五級	相當於我國小學中、高年級
三（十二～十四歲）	三～七級	相當於國內國中

四（十五～十六歲）	四～十級	相當於我國高中

各科教學目標（attainment targets）均須含括知識（knowledge）、技能（skills）、和理解（understanding）三領域。所列內容係全部學生不分能力和成熟程度，於完成各階段教育時應具備的能力。

教學目標項下，另有具體目標（statements of attainment）比較詳細敍述教學目的。計分十級，循序漸進，同條貫達，以做爲教師設計課程或教學計畫之主要參考，亦爲學生亦步亦趨的主要依據。

教學綱要（programmes of study）的內涵包括教材、技能和歷程，係用以配合不同能力和各種不同成熟度學生需求，以實施教學，達成目標的指引。

教學目標敍述兒童被要求去習得的知識、技能、和理解；而教學綱要則描述需要教給兒童的教材內容，藉以協助他們達到教學目標。前者是目的，後者是工具。

再就國家統一課程所作有關教學評量的規定而言，一九八八年教育法案明文規定，核心科目及其它基礎科目均須於各年段結束前（卽七歲、十一歲、十四歲、十六歲）舉行校外統一會考或測驗，由「學校測驗及評量委員會」（The School Examinations and Assessment Council 簡稱 SEAC）負責推動。評量的用意具有形成性、診斷性、總結性、和評鑑性功能（Enerson & Goddard, 1989, pp. 34-43; DES, 1989c）。

國家統一課程制訂的目的，依據該法案第一章規定有兩大項（DES, 1989c; NCC, 1990b）：

一、促進學生無論在校或在社會，均能獲得精神的、道德的、文化的、心理的、和身體的良好發展。

二、爲學生從事未來成人生活經驗、責任、機會等做好準備。

爲有效達成上述目標，該法案又明文規定：各校管理委員會（the governing body）和校長，務必負責提供廣博而均衡的課程，以供師生教學使用。廣博而均衡的課程，須具下列特質（NCC, 1990b; DES, 1989c）：

妥切性（relevance）　成長性（progression）

差異性（differentiation）　連續性（continuity）

歸納上述一九八八年教育改革法案規範內容，概可總結三項要義如下：

一、小學授課科目國定，各科標準統一，教學評鑑定期舉辦等新規定，促使英國小學教育的課程目標由模糊轉爲明確，教材選取由任意變成愼重，教學由盲亂走向條理，評量由鬆散化做嚴謹，當具相當振衰起敝功能。

二、國家統一課程強調促進兒童全人發展及爲成人生活做好準備，其教育目的實與社會科教育功能相契合，可謂雖無社會科之設，卻有社會科教育之實。

三、課程設計採取統整全觀點，促使社會科課程範圍更爲廣博，施教空間更大。一九八八年後的社會科呈現在歷史、地理、宗教等基本課程上，還存藏在公民教育、健康教育、經濟與企業知識、生涯教育與輔導、環境教育等課程以及其他活動內容裡。但是此種化整爲零，潛存依附的施教方式，能受到教師多少重視，能發揮多少功能，不無疑慮，且待觀察。

本章綜要

本章首先就社會科的意義、功能、和內涵進行探討，認爲社會科係協助學生更加瞭解生活環境，以增進其個人發展和社會繁榮進步爲目的學校課程。因爲生活環境具有多元性、時空性、團體性、和變遷性，所以社會科的取材範圍廣泛，包括歷史、地理、政治、經濟、社會學、人類學、心理學……等領域；教學的重點則兼重知識的充實，技能的熟悉和態度觀念的建立，期能應用所學思考靈巧，而臨事愼謀能斷並躬行力踐，以培育健康個人、社會良民、和世界公民。

其次就社會科在英國小學課程上的地位進行瞭解，發現英人崇尙自由民主、政府彈性授權，在「架構統一，措施分歧」的教育政策下，學制多樣，科目不一。常見小學獨立設科者計有英語文、數學、自然科學、歷史、地理、美術、音樂、體育、宗教教育等。教育目標著重健全個人之發展，以及成人生活之準備，並強調多元文化併存及世界各國相互依賴觀念之陶冶。

社會科一直未能在英國小學課程上單獨設科，但並不表示它不受重視，而係以化整爲零方式或其它名稱隱然推行。例如政治教育、公民教育、個人與社會教育、及人文教育等文獻資料，並不少見，均與推動社會科教育有關。

歷史和地理兩科在英國小學傳統上承載著最重的社會科教材，但實施成效並未爲皇家督學們所滿意。一九八八年教育法案突破傳統，首次實施國家統一課程標準，確認地理和歷史兩科均爲基礎科目之一。社會科雖未設科，惟透過歷史、地理、宗教等基本課程之教學，外加跨聯課程、各項活動之配合，形成所謂整全課程之架構，社會科教育更具發展空間；惟成效高低端視教師之用心。

國定課程標準對於教學目標、教學綱要均有規定，並要求全國遵照實施，且將定期評鑑。本報告以下四章將就歷史、地理、公民教育、其它跨聯課程（環境教育及經濟與產業知識）等科之課程標準或內容加以介紹，以供參考瞭解英國小學社會科課程內容之梗概。

第三章　英國小學歷史科課程標準

歷史是英國一九八八年新頒國家課程法定基礎科目九科之一。依據國家課程委員會（National Curriculum Council）指出，學校歷史教育具有兩大目的（NCC, 1991a）：

一、協助學生經由對本國、歐洲、和世界歷史的學習，發展其認同感。

二、增進學生對過去有更深入、客觀的瞭解和解釋。

除上述兩項主要目的（aim）之外，另有下列目標（purposes）：

一、激發學生探究過去（歷史）的興趣。

二、擴展對其它國家、文化的知識和理解。

三、以古鑑今，策勵未來。

四、增進其它科目學習的成效。

五、發展兒童心靈。

六、預爲成人生活做好準備。

教育科學部於一九九一年三月公布國家統一歷史科課程標準（History in the National Curriculum），規定小學兩階段（五～七歲、八～十一歲）各自一九九一年八月一日新學年開始，新生一律依照新課程標準教學。其內容介紹如下（DES, 1991b）。

第一節　英國小學歷史科現行教學目標

國家統一課程標準規定歷史科教學目標共有三項，通用於四個年段；各年段每項目標又細分十級，每級列有比較詳細的具體目標（statements of attainment）。教學目標細分十級之設計，係爲方便師生調整步調，做好個別差異之適應。

教學目標一（Attainment target 1）

歷史的知識與理解——旨在發展兒童敘述、解說歷史變遷狀況及其原因，並分析歷史環境繁雜互異情形的能力。

茲將本項歷史科教學目標前七個等級的內涵，介紹說明如下：

第一級目標　學生應能：

- 有條理、合順序的敘述歷史故事。例如會說完火藥陰謀事件（gunpowder plot）。

• 替自己的行爲說理由。例如說明自己參加某項活動的原因或動機。

第二級目標　學生應能：

• 能將熟悉的事物，依時序、年代排列妥當。例如給他一套個人或家人的相片，他懂得如何依年歲、或時間前後整理排列成序。

• 爲古人的行爲提出理由。例如爲什麼不列顛人要跟羅馬人作戰。

• 明辨過去與現在的差別。例如能訴說古代鄉下人的生活和現代鄉下人的生活有何異同。

第三級目標　學生應能：

• 說明過去某一段歷史的變遷情形。例如製作壁報展示過去兩代人的生活方式變化情形。

• 對某一歷史事件或發展提出發生的原因。例如維多利亞時代鐵路取代運河的交通地位之原因很多，兒童能夠從中選擇一項理由並加說明。

• 區辨古代不同時段在文物上的差異。例如能說明古希臘時代教堂和中世紀大教堂（cathedral）之差別。

第四級目標　學生應能：

• 體認自古以來，事物有變動不居者，有亙古不變者。例如能就日常生活方式中，舉出百年來有急劇變化者，及近乎未曾改變者。

• 意識到歷史事件的發生並不單純，常是多樣原因產生多種結果。例如能對黑死病提出兩種以上產生原因。

• 敍述介紹歷史上某一朝（時）代的文物特色。例如舉辦展覽會，應用圖片、地圖、圖表、模型等展示英國都鐸王朝時代的生活文物。

第五級目標　學生應能：

• 區分歷史變遷不同類別的事實，例如英國在十九世紀有眾多方面的變遷，其中那些屬於「快速變遷」，那些屬於「緩慢變遷」；那些是地區性的變遷，那些是全國性的變遷。

• 區辨不同類別的因果關係。例如列舉羅馬帝國敗亡原因中，那些是政治因素，那些是社會因素；那些是遠因，那些是近因。

• 說明歷史環境中各項因素相互激盪，交叉影響的事實。例如列舉英人德拉克（F. Drake）航海繞地球一週，對政治、經濟、科學等方面的影響。

第六級目標　學生應能：

• 瞭解變遷不等於進步，二者意義有別。例如學生要能列舉十九世紀初期，英國公共衛生政策中，那些是進步的做法，那些是不進反退的措施。

• 區辨歷史事件發生的原因當中，那些是主要的，那些是次要的。例如英國內戰發生的原因，政治因素和宗教因素那一個爲主因。

• 分析說明古代人民對某一歷史事件的不同看法和意見。例如針對英國維多利亞時代興建鐵路，當時民眾對這件事的反應意見，提出調查報告。

第七級目標　學生應能：

• 瞭解社會變遷的走向或型態是多樣性的。例如歷史上的工業革命對不同社會團體和地區，有不同的衝擊和反應。

• 說明歷史事件或社會變遷產生原因間的相互關係。例如探討二十世紀人類生活水準的改變情形時，能就科技發展和經濟成長兩者間關係加以說明。

• 領悟民眾的意見觀念和態度，常與其生活的環境有關。例如因爲經濟上的困難而導致部分法國人民支持一七八九年大革命。

教學目標二（Attainment target 2）

歷史的解釋——旨在增進兒童對歷史內容及意義的瞭解和解釋。

茲將本項歷史科教學目標前七個等級的內涵，介紹說明如下：

第一級目標　學生應能：

• 體認歷史故事中的人物有些可能是虛構的；故事並非全是眞人眞事。

第二級目標　學生應能：

• 警覺到歷史事件經由不同的人加以傳述，會得到不同的描述和評價。教師可以指導學生調查成人數名，分析他們對同一事件的瞭解和看法有何差別。

第三級目標　學生應能：

• 區分事實和意見的差別。例如「柴契爾夫人曾任英國首相」這句話是事實；「柴契爾夫人是位傑出的英國首相」，這句話是意見。

第四級目標　學生應能：

• 體察到證據不足常易導致對歷史事件有不同的瞭解和解釋。例如有關古埃及人的生活方式，因缺乏可靠資料，致令不同版本書籍所介紹的內容各有特色，難求一致。

第五級目標　學生應能：

• 認識到歷史事件的解釋，縱使是異口同聲大家傳述最多的說法，可能與事實不符。

第六級目標　學生應能：

• 舉例說明歷史事件的瞭解和解釋，常受資料來源的影響。例如有關十九世紀英國社會、經濟狀況的變遷，如果單憑回憶所及來描述，可能產生很多紛歧的說法。

第七級目標　學生應能：

• 針對歷史事件或發展的不同解說，各就其優、缺點分析、說明。例如提供學生有關介紹德國歷史的影片、戲劇、或書籍，觀賞或閱讀之後，請提出介紹內容的特色和優、劣點。

教學目標三（Attainment target 3）

歷史資源的應用——本教學目標旨在發展兒童從歷史資源中獲取證據或事實資料，並評鑑其可靠性和參考價值的能力。

茲將本項歷史科教學目標前七個等級的內涵，介紹說明如下：

第一級目標　學生應能：

• 報告、溝通自己從歷史資源中所得到的資料（訊）內容。例如向同學報告他在一張具有歷史性相片上所看到的東西或內容。

第二級目標　學生應能：

• 認識歷史資源具有激發並協助尋求歷史性問題答案的功能。例如教師問：「人類在沒有瓦斯和電力之前是怎樣煮飯菜？」爲尋求答案，教師可安排同學到博物館參觀有關的展示與介紹。

第三級目標　學生應能：

• 根據歷史資源所得訊息，從事演繹推論。例如觀看過維多利亞時代人民穿著情形，由之推測他們的身分和階級。

第四級目標　學生應能：

• 具有統整、歸納歷史資料的能力。例如把從舊報紙、相片、和地圖上所得的資料，綜合歸納提出本地在一九三〇年代的民眾生活情形。

• 檢視並評鑑由歷史性資源處所得資料，是否適用於所探討主題的能力。例如訪查先民遺址，爲瞭解他們古代生活情形，宜蒐集那些方面的資料爲宜。

第五級目標　學生應能：

• 比較各類歷史資源用途的特性，鑑別何者適用於甲，何者適用於乙。例如爲研究羅馬帝國敗亡原因，書面資料和遺留下來的藝術作品各有何可取之處，須加辨別。

第六級目標　學生應能：

• 對歷史資源的可靠性和價值，能參考其出土或產生的背景因素加以判斷。例如二十世紀初期報紙所載消息的可靠性，可參考作者的背景因素加以判斷。

第七級目標　學生應能：

上述國家課程所揭示的歷史科三大教學目標中，以第一項之細目最爲詳盡，被視爲其它兩項目標之基礎。分析而言，第一項目標含括三個子項，層次分明有序，分別是：

一、有關歷史變遷的內容及其連貫性之知識和理解。

二、有關歷史事件或情境發生原因及其結果之知識和理解。

三、有關古代社會及其運作特色之知識和理解。

上述三個子項之內涵，分別在十級具體目標中呈現。就第一子項變遷及其連貫性而言，內容包括：歷史富有變遷性、變遷類別互異、變遷速度不同等。次就第二子項而言，內容旨在增進學生一、區辨各種因果關係；二、認識它們的重要性之高低；三、瞭解因果間繁雜的關係。再就第三子項而言，旨在探究古代社會下列特質：包括人民的觀念、信仰、和態度，以及社會運作方式。

歷史科第二項教學目標，旨在增進學生下列認識：

一、對過去事件（歷史）的看法不只一種，人言言殊。
二、看法不同，評價有別，原因很多而且複雜。
三、歷史具有社會和政治性目的。

歷史科第三項教學目標，旨在提升學生下列能力：

一、知道有那些歷史資源可供參研。
二、客觀地，不先入爲主地鑑賞、應用歷史資源。
三、推理、歸納所得資料。
四、評鑑、篩選歷史資料（DES, 1991c）。

第二節　英國小學歷史科現行教學綱要

本教學綱要旨在增進兒童對英國、歐洲、和世界歷史有更深入的知識和理解。除第一年段外（五～七歲），年段二（八～十一歲）、年段三（十二～十四歲）、年段四（十五～十六歷）歷史科教學綱要，內容包括兩要項：

一、核心單元（core study units），用以敍述、介紹主要教學內容。

二、補充單元（supplementary study units），用以擴展或補充核心單元之內容。

每個單元均導向發展兒童歷史方面的知識、理解、和技能，藉資達成課程標準所揭示的三項教學目標。

各年級學生均須透過教學綱要，以：

一、探索歷史科和其它科目的關連性（links）。

二、發展應用資訊科技（information technology）的能力。

三、提升與跨聯課程主題有關的知識、理解、和技能。跨聯課程主題主要包括公民教育、環境教育、健康教育、生涯教育，及經濟與企業常識。

第一年段（五～七歲）教學綱要

說明：本階段兒童須給予機會去瞭解過去，並認識過去與現在諸多的不同。教師也須教導他們知道有那些歷史資源可供研習。

本階段教學綱要只列一個單元，供做全期使用。茲譯述如下：

一、教學要點

㈠教師應協助兒童經由研習不同時代和各類文化的故事，以增進其對歷史的瞭解。教材包括：

1. 通俗神話和民間故事。
2. 歷史故事。
3. 歷史事件的實證資料。
4. 有關古代（過去）的虛幻小說。

㈡提供機會以使兒童充分利用歷史資源去研習歷史。歷史資源包括：

1. 人工製品，即古人的手工藝品。
2. 圖片和照片。
3. 音樂。

4. 成人（即社會資源人士）。
5. 書面資料。
6. 建築物與遺址。
7. 電腦資料庫。

㈢應採漸進原則，無論時間或空間事項均宜由近及遠施教。本階段教材應包括古代兒童和男女的日常生活內容，工作與休閒，及文化概況。教師應提供學習機會以探討：

1. 兒童自己、家庭，及他們所熟悉的大人之生活變遷情形。
2. 二次大戰後英國人民生活變遷情形。
3. 古代某一時段人類生活方式。

㈣學生應該研習古代知名男、女的生活內涵。例如君王、聖賢、藝術家、工程師、探險家、發明家、拓荒者等的生活內容。

㈤學生應該研習各類歷史事件，包括本地區的、全國性的、外國的，以及傳留已久的。例如宗教節日、週年紀念、火藥陰謀事件、奧林匹克運動會等。

二、教學目標

㈠歷史的知識與理解方面：學生須具下列能力：

1. 使用通俗字詞，以表達過去、現在、與未來。例如會使用新、舊、之前、之後、日、月、年等字詞。

2.有條理、合順序的說明事情發生的經過及原因。例如報告學生自己家庭生活變遷的經過。

3.意識到時代不同，生活方式會有差異。例如古時不同朝代人民的穿著，各有不同的風格和習慣等。

㈡歷史的解釋方面

1.瞭解歷史文物、事件的呈現方式種類很多。例如圖片、書面資料、影片、電視節目、戲劇、音樂、實物複製品、博物館展示等。

2.體會人言言殊，即同一事件可能會有不同的傳述和評價。教師可就一週（或月）前發生在學校的事件，要小朋友報告其所知、所感，比較彼此的異同。

㈢歷史資源的應用方面

1.應用各種歷史資源以追尋、探究歷史或過去。例如古屋、博物館展示文物、繪畫品、圖片、錢幣、報紙等都是可資蒐集、研究的資源。

三、探究與溝通

教師應鼓勵學生發問，提供機會讓兒童溝通、表達他們對歷史的認識和理解。溝通方式兼重口述、筆談、或表演，例如利用戲劇、舞蹈演出一段歷史故事，製作古物模型……等，均具價値。

小學低年級（五～七歲）兒童研習的探究技能，有（DES, 1991c）：

㈠從經驗中體會探究歷史是發現的過程。

㈡發問以進一步探究。例如提出下列問題：那是眞的？爲什麼會發生？那時候它是什麼樣子？古人怎麼完成它？眞有這回事嗎？那有什麼用途？

㈢請教或訪問父母、祖父母，或其他成人。

㈣應用所提出的問題，做爲調查的依據。

小學低年級兒童宜學習的溝通技巧，包括：

㈠對發生在以前的事說出自己的看法。

㈡討論記憶所及的往事。

㈢談論年長的親戚。

㈣談論博物館展示的物品。

㈤報告所做專題研究的結果。

㈥透過舞蹈、滑稽動作和模型製作表現他對某件事的瞭解。

㈦把晤談、訪問所得資料，應用條型圖或圓形圖標示出來。

㈧應用電腦把調查結果呈現出來，向全班報告展示。

(九)寫出自己過去的經驗，及習得的史實知識。

第二年段（八～十一歲）教學綱要

說明：本階段兒童應研習從羅馬時代到現代的英國歷史發展與事蹟，探究本土性（地方性）歷史，並且對於世界其它主要地區古代文化和歷史亦須了解。學校歷史科教學應能協助學生發展時序觀念，並熟悉人類日常生活方式長久以來的變遷情形。

為達目標，學生至少須研習九個單元。單元內容從下列各項中選取，並據以設計而成。

- 核心單元：包括：

單元1：侵略者和移居者，包括羅馬人，盎格魯－撒克遜人及北歐海盜（Vikings）。

單元2：都鐸（Tudor）和斯圖爾特（Stuart）時代。

單元3：維多利亞時代的英國
單元4：一九三〇年後的英國
（單元3、單元4）二選一亦可。

單元5：古希臘。

單元6：一四五〇年～一五五〇年期間的探險與遭遇。

- 補充單元

選教3～4個單元，旨在補充或拓展核心單元內容，單元名稱及內涵詳後敍述。

一、教學要點

本階段教學綱要所載內容，供做四學年教學之用。教學實施的要點，規定如下：

㈠教導學生從各種角度、觀點研習歷史。包括政治的、經濟的、科技與科學的、社會的、宗教的、文化和美學的等觀點或立場。

㈡教導學生熟悉本教學綱要所列主要歷史事件發生及發展的時序。

㈢學生應瞭解本階段教學綱要所列各朝代在社會、文化、宗教、和種族等各方面的歧異性，以及各朝代男、女性的角色和地位。

㈣儘量提供學生使用歷史資源的機會，以增進其研習歷史的成效。資源包括文件書面資料、手工製品、圖片與相片、音樂、建築物與遺址、電腦資料庫。

二、教學目標

教師須隨時留意提升兒童在下列教學目標項下的知識、理解、和技能。

㈠歷史的知識與理解方面

1. 正確使用表達時間的字、詞。例如古代、中世紀、現代、紀元前、紀元、世紀等。

2. 研習歷史變遷的多樣性。例如英國遭受羅馬人侵佔後，產生很多方面的變化——包括建築、交通、農牧、衣著和語言等方面。

3. 比較研究不同歷史階段文物制度的異同。例如探討英國在羅馬時代和維多利亞時代的陸上交通情形。

4. 調查探究歷史事蹟的成因和影響。例如十五、十六世紀航海探險的產生背景及後果、影響。

5. 尋找古時社會各項文物制度間的關連。例如由古希臘時代的戲劇，找尋當時人民的生活和宗教信仰狀況。

㈡歷史的解釋方面

1. 增進兒童瞭解歷史文物可有各種不同呈現方式。例如都鐸王朝時代的生活，可藉由圖片、影片、戲劇、歌曲、模型、故事、詩歌、歷史劇等加以呈現。

2. 比較歷史文物或事件用不同呈現方式所造成的不同效果。例如利用圖片和圖表展示古埃及人民生活情形，其給人的印象可能有所不同。

3. 檢視歷史事件常有不同說法的原因。例如為何住在英國的人對於二次大戰期間的生活現象，會有不同的回憶內容。

㈢歷史資源的應用方面

從事某一主題探究時，懂得廣為蒐集歷史資源（料），並有效從中抽取精華，彙整歸納，並提出個人見解加以評論。

三、探究與溝通

本階段歷史科教學，應輔導兒童從事專題探討，教以如何組織歷史的知識和理解，並應用各種不同方法溝通、表達自己的瞭解和看法。

㈠兒童應有足够機會以從事：

1. 發問、選用資源以便探究、蒐集並記錄資料。例如為探討古代生活方式，教師可以輔導學生計畫去訪視古屋；跟資源人士討論；做筆記及觀察記錄。

2. 選擇並組織歷史資料。包括篩選、歸類、分析、製作圖表等。

3. 呈現結果，包括口頭報告、書面報告或演示等。

㈡小學中、高年級（八～十一歲）兒童研習的探究技能，包括：

1. 對提出的問題內容加以討論。

2. 懂得利用圖書館尋找資料並加摘錄。

3. 分類、統整、和分析資料。

4. 實地訪查並參觀歷史古蹟，仔細觀察並詳加記錄。

㈢小學中、高年級兒童宜習會下列溝通技巧：

1. 參加歷史（過去）事件的辯論。

2. 表演過去發生的事件或歷史故事。

3. 計畫並完成班級展示會，充分應用模型、書面資料、及視覺資料。

4. 應用電腦繪製圖表以展示資料。

5. 撰寫報告並潤飾之（DES, 1991）。

四、教學單元（核心單元部分）

本階段（八～十一歲）歷史科包含六個單元，其中單元三、四得任選一個教或全教。修完本課程之後，兒童應能瞭解下列概念及詞彙：君王、法庭、國會、國家、文明、侵略、征服、移居、讓位、奴隸、貿易、工業等。

茲將單元內容介紹如下：

單元一

單元名稱：侵略者和移居者

單元目標：介紹兒童認識不列顛島的早期歷史，瞭解不列顛社會如何受到入侵者的影響。重點包括羅馬人、盎格魯－撒克遜人，和北歐海盜的入侵和移居，以及不列顛是歐洲的一部分等。

教材內容：

紀元前五十五年～十一世紀初外來的侵略和屯墾。兒童須瞭解前述三個外族入侵的史實，並就其中一個外族做比較深入的研究，包括入侵的動機、侵入者的生活方式、英國本地人的生活方式。

入侵的動機——奪取土地、貿易、和原始物質材料。
移民的生活方式——包括城鄉居民的日常生活、住屋、家庭生活和宗教生活。
移民的遺物或影響——語言、地名、神話和小說、藝術和建築型態等。

單元二

單元名稱：都鐸和斯圖爾特時代（Tudor and Stuart times）
單元目標：瞭解都鐸和斯圖爾特時代的主要事蹟和問題。重點包括當時各階層人民生活方式，以及當時官、民雙方可信賴的史蹟、風格。並可配合英格蘭、威爾斯、蘇格蘭、和愛爾蘭的歷史加以探討。
教材內容：

- 統治者及其宮廷生活。
- 城、鄉人民生活方式、交通、貿易等。
- 科學和文化方面的成就，包括牛頓、沙士比亞等重要貢獻者之介紹。
- 探險與王朝的建立。
- 宗教問題，包括宗教與生活、宗教改革等。

單元三

單元名稱：維多利亞時代的不列顛

單元目標：增進兒童對維多利亞時代英國人民的生活情形及其對今日英國的影響。重點包括不同地區的比較，各階層的比較，男女性和兒童的比較；同時也重視工業化對當時人民生活的影響。

教材內容：

- 經濟發展情形，包括蒸氣機發明、工業大量生產、童工、新交通工具、城鎮興起、貿易及英國王朝的建立等。
- 公共福利事業，包括公共衛生和教育。
- 宗教。
- 科學及文化的成就，包括各種發明、科學上的發現、建築物、藝術、文學。
- 家居生活。

單元四

單元名稱：一九三〇年後的英國

單元目標：提升兒童探尋今日英國與近代英國間的關係。重點包括一九三〇年以後英國四大地區各階層人民生活情形，以及重大歷史發展歷程和文物制度。

教材內容：

- 經濟發展情形，包括重工業的衰退，新工業的成長，以及運輸交通的變遷。

- 二次世界大戰及其對英國的影響。
- 社會變遷。包括男、女角色的變遷，家庭生活的變遷、移民問題。
- 科學發展。包括發現和發明及環保問題。
- 宗教的變遷及其對生活的影響。
- 文化變遷。包括服飾、音樂和運動的時尚；電影、廣播電視的衝擊；建築的革新。

單元五

單元名稱：古希臘

單元目標：增進兒童對希臘文化的認識，並瞭解其對現代世界的影響。重點包括古希臘人民的生活方式，他們的信仰和成就。

教材內容：

- 城邦的特色。包括亞典、斯巴達，公民和奴隸的介紹。
- 經濟狀況。包括農業、貿易、海上交通。
- 日常生活。包括男、女、兒童的生活；運動。
- 宗教和思想。包括希臘神和宗教儀式；神話與小說；科學和哲學。
- 藝術。包括戲劇、文學、藝術、和建築。
- 睦鄰關係。包括波斯戰爭，希臘與羅馬。

• 希臘人的貢獻。包括語言、政治、運動和藝術。

單元六

單元名稱：探險與遭遇（一四五〇～一五五〇年）

單元目標：充實兒童對歐洲人民與美洲人民歷史關係的瞭解。重點包括古代航海冒險的動機、西班牙人的出航、愛茲特克（Aztec）人的文化，兩種文化的遭遇和結果。

教材內容：

• 航海探險，介紹十五世紀末期的世界概況及地圖，瞭解航海探險路線（包括哥倫布之行）及船上生活狀況。

• 愛茲特克人的文化。包括生活方式、信仰、工藝科技、藝術與建築。

• 西班牙人的征服愛茲特克人及其美洲王朝的建立與影響。

五、補充單元部分

說明：本階段應從下列補充單元中選教三至四個，並且必須包括A、B、C三類各有一個單元。教學要求比照核心單元，務求在知識、理解、和技能上有所成長。

㈠A類補充單元——本類各單元均係年代較長的專題探討，包括船隻與船員、食物與農耕、房屋及宗教儀式場所、寫作與印刷、陸路交通、家居生活（家庭及兒童期）等。

上列補充單元，務必：

1、包含重要歷史問題的探討。
2、含蓋時間至少一千年以上。
3、做不同時代的比較。
4、觀察本地區、英國、歐洲及世界歷史發展過程中，有無相通之處。

㈡B類補充單元——本類補充單元以本地區歷史爲主，須：
1、從事一項重要歷史問題的探究。
2、找出地區性發展特質與全國性發展趨勢間的關係。
3、選用下列地區性歷史類別之一：
①屬於較長時間長度的本社區發展歷史，例如教育、宗教、休閒活動，或其它任一方面。
②屬於較短時間長度的本社區發展歷史，或與本社區有關的特殊事件，例如二次大戰。
③屬於加深、加廣性質的本社區發展歷史，例如工業革命時期本地區的童工問題，用以加強其它教學單元的內容。

如果選用兩個以上單元，則必須分散在上述三類目，不宜集中在單獨一類目。

㈢C類補充單元——係有關歐洲以外國家或地區歷史的探討，單元計有古埃及、美索波坦米亞（Mesopotamia）、亞述（Assyria）、印度河谷（The Indus Valley）、馬雅人（The Maya）、貝南（Benin）等。

選用本類單元教學時，須注意：

1. 從各種角度或層面探討，包括政治的、經濟的、科技的、社會的、宗教的、文化的、和美學的等方面。
2. 指導學生應用考古學上的證物探討。
3. 含蓋各主要事項，例如男、女的日常生活。

茲將單元內容介紹如下：

單元一

單元名稱：船隻與船員

單元目標：增進兒童瞭解船隻建造與海洋開拓的關係，以及其它有關的歷史，例如貿易、人類遷移、國家勢力等。教學重點放在船隻的設計、使用功能、造船者與航海者的生活、以及船運對貿易、戰爭、和社會的衝擊或影響等。

教材內容：

- 船的設計。介紹最早的，及至於二〇世紀船隻設計技術的發展經過。
- 船隻運輸的經濟效益。包括漁撈和貿易、走私與海盜行爲。

‧航海和科學。瞭解有關探險、探查和製圖方面的發展歷程和成果。
‧政治與航海探險。包括海軍發展的經過，殖民政策和帝國。
‧船隻與社會發展。探討物質與產品經由海運後對社會的影響；港埠與漁村的生活；船上的生活和工作條件。

單元二

單元名稱：食物與農耕

單元目標：協助兒童從事食物生產對社區發展影響的歷史性研究。重點包括農耕方法或技術、食物生產、農村社區的發展情形。

教材內容：

‧農耕方法。包括糧食生產、家畜飼養、灌溉技術、耕地經營、農機應用等。
‧食物生產。包括新石器時代的革新、古代東方帝國與城邦的崛起、中世紀的糧食生產等。
‧農村社區。包括古代、中世紀的鄉村與城邦；十九世紀的農村生活；機械化和運輸新工具的衝擊。

單元三

單元名稱：房屋及宗教儀式的場所

單元目標：探尋歷代建築物與其人民生活狀況的關係。教學重點包含建築技術、建築物的功能和使用、建築物如何反映社會變遷。可選取三至四個不同時代，做比較性探討。

教材內容：

- 房屋的建造。包括位置、布局、結構，以及宗教場所的建築情形。
- 建築物的功能。包括住家的、宗教的、和社會的功能。
- 建築物的使用。包括家居生活、節慶活動、宗教儀式、及市井服務的用途。
- 建築物的設計。包括住屋及宗教場所的建築型態和布置。

單元四

單元名稱：寫作與印刷

單元目標：提高兒童認識寫作和印刷在歷史上的重要性。教學重點強調三至四個時代的對應比較，例如古代、中世紀、文藝復興時代、和二十世紀的寫作和印刷的歷史性比較。

教材內容：

- 寫作和印刷方法。包括材料、手稿、早期的書籍、早期的印刷方法、二十世紀的技術等。
- 寫作、印刷和宗教。包括印刷對宗教的影響，書面資料對宗教的重要性。
- 政治與印刷術。例如官方文書的重要性、作品與印刷物的審核等。

單元五

- 文字使用的成長。介紹文字應用對日常生活和工作的影響。

單元名稱：陸路交通

單元目標：介紹認識世界各地陸地運輸交通發展的經過和現況。其內容著重在探討陸路交通運輸的進化，對日常生活、工作和休閒的影響。

教材內容：

- 交通運輸的發展。包括棧道、公路、鐵路的發展；人力、獸力和動力工具的演化。
- 運輸和環境。探討不同運輸方法對環境的影響。
- 經濟效應。介紹運輸交通對工作、貿易和企業發展的貢獻。
- 社會效果。瞭解運輸工具對社會生活如休閒、觀光……的影響。

單元六

單元名稱：家居生活

單元目標：旨在探討三至四個古代社會住屋和家庭生活情形。重點放在不同社會人民家庭生活及其住屋異同之比較。

教材內容：

- 家庭。包括家庭制度、親子角色、男女角色、家庭生活規範或有關法令。
- 家庭經濟情形。
- 家居日常生活。包括餐食、衣著與洗濯、玩具與遊戲。

·家規與禮俗。例如婚喪喜慶活動方式，家規與宗教信仰等。

·住屋布置。包含傢俱及內部裝潢設備。

單元七

單元名稱：人民遷徙

單元目標：增進兒童瞭解人類遷徙的原因和影響。

教材內容：

着重本地區歷來民眾遷徙狀況之調查，包括移入、遷出、和境內搬家。瞭解他們搬遷的動機，以及搬遷對當地語言、文化、生活方式，及自然環境的影響。教師指導學生充分應用地方資源，例如戶口普查資料、墓碑、學籍資料、生意往來資料、地方報紙資料等。本單元可與核心單元一、三、四聯絡教學。

單元八

單元名稱：二次大戰期間的民眾生活

單元目標：增進兒童瞭解二次大戰期間，本地區民眾生活狀況。

教材內容：

調查瞭解二次大戰對當時本地各階層男、女、和兒童生活的影響；分析民眾對戰時的經驗與感受，是否因年齡、性別、階層、和住居地方不同而有別。探討主題宜包括空襲、防空避難、救護、飲食、工作、娛樂等，資料蒐集則廣羅本地方和全國各地公、私所有的書面資料、圖片畫面資料，或口述資料。

單元九

單元名稱：住家

單元目標：探究維多利亞時代本地區人民的家居生活。

教材內容：

本單元用來補充說明核心單元三有關維多利亞時代英國發展狀況，重點宜包括家庭結構、家庭僕人、日常作息、餐食狀況、教育、玩具和遊戲等。探討途徑，可指導兒童應用地方資源，例如人口普查報告、烹調方法、分類廣告、照片、回憶錄、和手工藝品等；如有可能，實地參觀博物館和古屋則更佳。

單元十

單元名稱：古埃及

單元目標：探究古埃及人的生活方式、信仰、和成就，以增進對他們的瞭解。

教材內容：

• 食物與農耕。介紹尼羅河、農耕與灌溉技術等。

• 人民和社會。包括法老、貴族、僧侶、和農人的角色，及其生活內容。

• 宗教信仰。包含神明、寺廟、喪葬。
• 文化。介紹象形文字及其書寫；藝術與建築。
• 科學技術。包括建築技術、數學與天文學、醫藥等。

單元十一

單元名稱：美索波坦米亞

單元目標：增進兒童對美索波坦米亞國的起源和發展，有更清楚的瞭解。重點包括蘇美利亞人(Sumerians)在紀元前三、四千福年的成就，及其信仰、生活方式等。

教材內容：

• 美索波坦米亞國的生活。包括農耕、灌溉方法、教育與學校；日常生活、及楔形文字。
• 統治制度。介紹蘇美利亞城邦及其法律規定。
• 宗教信仰。探討神明與寺廟。
• 科學和技術。介紹輪子的發明。
• 考古證物的應用。瞭解考古學者如何挖掘並提出有力證物以說明美索波坦米亞人民的生活。

單元十二

單元名稱：亞述

單元目標：充實兒童對鐵器時代西亞偉大王朝——亞述興起的知識。探討重點包括紀元前八世紀起，至紀元前六一二年敗亡止，亞述人的生活方式，和主要成就。

教材內容：

- 亞述時代的日常生活。
- 亞述王朝的興起、統治制度、交通、軍隊、打仗技術、以及王朝的敗亡。
- 文化與宗教。浮雕與雕塑；亞述巴尼拔（Ashurbanipal）圖書館；亞述神（God Assur）的崇拜等。
- 科學與技術。包括數學、天文學、和醫學。

單元十三

單元名稱：印度河谷（Indus Valley）

單元目標：介紹兒童瞭解印度河谷古文化的起源；重點放在考古學家對兩個古城（Harappa & Mohenjo-Daro）的發現。

教材內容：

- 考古人員調查經過。介紹考古人員在現場挖掘的經過，遭遇的困難，和使用的方法等。
- 考古學者的發現。包括城市、藝術品、喪葬方式等。
- 考古證物之應用。強調考古所得遺跡、遺物之解釋、推理要謹慎。例如有關印度人（

Indus）的下列問題難作回答：他們的宗教、政府組織、社會結構、和語言內容如何？

• 說明考古發現如何改變了世人對印度河谷文明的看法與評價。

單元十四

單元名稱：馬雅人

單元目標：介紹馬雅人在文化和科學上的成就。焦點放在研習考古學家所發現馬亞人在公元二五〇～九〇〇年間所使用的生活文物。

教材內容：

• 人民生活方式。包括屯墾居住、家庭生活和農業活動。

• 宗教活動。包括神明、神話故事、金字塔和寺廟、節日慶典、和牲祭。

• 科學成就。有數學、天文學、和曆法。

• 藝術成就。有石刻文字、雕像、象形文字、陶藝和繪畫、寺廟、宮殿、和城市建築等。

單元十五

單元名稱：貝南王國（Benin）

單元目標：引導學生經由接觸考古學家發現的古物證據，瞭解西非文明的特色和成就。重點放在十四世紀中葉至十六世紀中葉貝南王朝最強盛的時代。

教材內容：

- 統治制度。包括貝南歷代國王、酋長的角色、宮殿等。
- 人民生活。日常生活和貝南城。
- 文化特質。神話與民間故事、雕塑，與早期諾克文化的關係。
- 睦鄰關係。包括戰爭、征服與王朝的擴張；貿易情形；與葡萄牙的關係。

以上是英國小學歷史科課程標準所規範的教學目標、教學綱要、和教學單元。歷史科課程標準編輯小組於工作報告中指出（DES, 1990a）：歷史內容廣雜，無法一一羅列教材之內，因而如何選材成為爭論而棘手的問題。編輯小組最後擬訂下列基本原則，做為課程標準取材的依據。

一、廣度原則

㈠留意歷史研究的各層面。例如古代與現代、科技與政治發展；共同經驗與不同文化特質；地方性與全國及世界性歷史等力求兼顧。

㈡開放言論廣場，兼容各種觀點，介紹各不同說法或評價。

㈢提供師生有關道德、倫理、社會、經濟等人類社會問題探討機會。

㈣介紹學生認識各類歷史遺產特質。例如政、經、文、教各有不同；英、德、美、法各有其歷史發展歷程等。

㈤發展學生研究歷史的技能。

㈥呼應、支持本課程標準所列教學目標。

二、均衡原則

㈠歷史年代的均衡。例如古代、中世紀、和現代歷史均兼顧。

㈡年代長短不同類型研究之均衡，以培訓兒童各種研究方法和態度。

㈢歷史研究的社會價值與公民價值並重。即兼顧公民教育內容及成人生活準備教育內容之選取，以期協助兒童把握權利，善盡義務。

㈣觀點、立場上的均衡。例如男女、貧富、黑白種族等相對立場或角色的歷史教材，兼容並收。

㈤地理與文化上的均衡。例如本土（地區）的、全國的、和世界的歷史均須顧及。

㈥社會生活各層面的均衡。包括政治、經濟與科技，社會與宗教、文化與美學等各方面力求平衡。

三、連貫性

㈠各教學單元同心同德，共以教學目標為鵠的。

㈡教材教法環繞政治、經濟、社會、和文化四大領域為探討焦點。

㈢教學單元前後連貫，系統分明，脈絡相通。

㈣自編教材須與國定教材配合，條理相胎。

㈤各教學單元共同形成廣博、合理的時序架構。

四、漸進性

㈠歷史教學從兒童本身的過去研究起，及至於他的家庭、社區、學校，再擴及其他。

㈡地方性歷史的探討，一者可做爲範例，俾便參考以研究全國、歐洲及世界歷史；二者可做爲歷史研究技巧訓練場所，以奠定日後研究基礎。

㈢不列顛歷史做爲選材核心。有關不列顛政治、經濟、社會、與文化歷史發展的教學，是歐洲及世界其他歷史研究的起點。

五、實用性

㈠教材適合兒童認知學習能力上的考慮。

㈡確能增進兒童知識、理解、和技能的成長。

㈢教材難度要能配合教師歷史知識或能力。

㈣考慮學校教學資源條件狀況。

㈤兼顧學習興趣，及教學生動活潑性。

小學低年級歷史教材選輯的基本策略，一是由自己的歷史瞭解起，擴及於身邊的成人、生活的地方等。二是幼兒也須熟習基本的時間觀念，知道有過去、現在之分，會用日常時間字詞。三是他們須開始學著去區分現實與幻想的差異。

小學中、高年級歷史教材選輯的基本策略是：一、扮演橋樑角色，具有承先（階段一）啟後（階段三）功能；二、公認為比較重要並具特色者；三、民間傳說較多，兒童較有印象者；四、考慮歷史資源廣泛接觸機會；五、顧及本地區歷史；六、英國歷史全貌的掌握。

本章內容係將國家課程小學歷史科課程標準及其補充資料（DES, 1990a; 1991; 1991b; 1991c; NCC, 1991a）轉譯而成，其中第一節教學目標第六、七級部分已屬初中階段目標，多譯謹供參考。

第四章　英國小學地理科課程標準

地理是英國一九八八年教育改革法案所規定國家課程基礎科目之一。依據國家課程委員會(National Curriculum Council)指出，學校地理教育的目的，在：

一、協助學生發展其地理方面的知識和理解。

二、引導學生探究地理方面的問題。

三、經由對本國及其它國家地理的探討、瞭解，從而培育學生對國家的認同（NCC, 1991b)。

地理科教學旨在研究㈠地方（places)；㈡形成地方特質的人爲與自然歷程；㈢居住在地方上的人類等。

現行課程標準，係於一九九一年三月依一九八八年教育改革法案有關規定編製完成公布，內容有兩要項：一是教學目標，二是教學綱要。地理科國家課程標準(Geography in the National Curriculum)規定，小學兩階段（五～七歲、八～十一歲）各自一九九一年八月一日新學年開始，新生一律依照新課程標準教學。

第一節　英國小學地理科現行教學目標

國家統一課程標準規定地理科教學目標共有五項，通用於四個年段即（五～十六歲）；各年段每項目標又細分十級，每級列有比較詳細的具體目標（statements of attainment）。茲將課程標準所載地理科教學目標內容譯述如下（DES, 1991d）。

教學目標Ⅰ（Attainment target 1）

研讀地理的技能（geographical skills）——旨在協助兒童習會研讀地理科所需的基本技能，以便進一步達成其它教學目標。本項目標主要包含應用地圖和實地訪查（fieldwork）兩項技能。

茲將本項教學目標前六個等級的內涵，介紹說明如下：

第一級目標　學生應能：

- 依說明或指示行事——例如能依標示或說明輕易地在教室、校園內、學校附近走動；能依照使用說明操作或玩弄玩具等。
- 觀察並清楚介紹某個地方——例如能向他人介紹，說明自己的家和學校。

第二級目標　學生應能：

● 正確使用地理學詞彙報告、說明或介紹某一定點。例如使用河流、山丘、公園、樹林、斜坡……等詞彙，討論觀光地圖所載內容。

● 有效應用符號以表達眞實的或自己想像虛構的某一地點。例如畫出一幅農莊的地理位置及景物。

● 依循路線圖行動。例如能依路線圖穿梭於學校周遭或附近空曠地方。

● 觀察並記錄短期氣候變化狀況。例如兒童自行觀察天候變化，爲期一天（或週、月），然後使用自己想出的符號，繪製出氣候變化圖——包括冷熱、濕燥、刮風與否等。

● 正確辨識照片或圖片中熟悉的景物。例如能從書報雜誌或郵卡畫面上，找出河流、樹林、田野、街道、高速公路等不同景物。

第三級目標　學生應能：

● 應用字母和數字協助以正確找出或標示地圖上某一定點。例如能研讀市區地圖找到自己住家或學校所在，或能模擬應用字母和數字或其它符號標出特定方位。

● 在學校地圖上能正確指出班級教室所在，及校園內主要建物方位。例如拿出本校全景圖，能指出遊戲區、廁所、校長室、花園之所在。

● 繪製簡要地圖。例如能繪製出由家到校的路線圖，或學校內的動線圖。

• 區辨空攝照片上所呈現的景物。例如能從空攝照片中辨識何者爲建築物、何者爲鐵路、公路等。

第四級目標　學生應能：

• 使用四碼索引標出地圖上的景物。例如能從一張五萬分之一普通地圖中，找出樹林、湖泊、交流道等。
• 測量地圖上兩點間直線距離。例如能測出家↕學校、家↕公園、家↕商店的直線距離。
• 辨認垂直空照圖和大型地圖中所呈現的同一事物。
• 應用簡易設備和直接觀察，測量並紀錄氣候狀況。例如測量溫度、風速及強度等。
• 使用索引在地圖集鑑裏找到所需資料。例如翻閱地圖集鑑找到新聞報導中所提到的地名。
• 自行運用符號繪製概略圖。例如自行創用符號代表景物，用以繪出校園或附近公園、購物中心的概略圖。

第五級目標　學生應能：

• 使用六碼座標從普通地圖中，標示景物所在。
• 判讀地勢圖。例如能推要由高度研判斜度，由山峯研判山谷。
• 判讀五萬分之一普通地圖，能說出圖中所示地上景物。例如面對一張普通地圖，能循著圖示河流或公路，描述所見景物。或寫出沿著這條河或公路的觀光景物或地點。

● 從專題圖示資料中歸納出其特質或分布型態。例如研讀英國年降雨量分布圖後，能描述其內容或特色。

● 悟知地球可用平面來表示。

第六級目標　學生應能：

● 正確使用地圖以測量兩地距離，並繪製路線圖示。例如應用鐵、公路線圖、地圖等，規劃出旅行路線或行程。

● 應用地圖資訊協助選定位置。例如為開設購物中心選擇地點時，懂得應用地圖協助考量交通方便，消費者容易接近，貨源供應容易等條件。

● 繪製精確的會集點形勢圖。例如兒童在校外實地觀察、測量河流和海灘交會情形，並繪出圖示。

● 觀賞戶外風光或景物後，能有效地繪出概略圖，並據以說明。例如從某一高處往下俯視，能將所見景物如山谷、溪流等繪成一幅簡略圖示。

● 使用科學儀器，測量並紀錄氣候狀況。

● 應用地圖和羅盤以判定行走路線。例如憑恃地圖和羅盤可以順利地遊走於公園中。

教學目標二（Attainment target 2）

增進對各地方（區）的知識和瞭解——學生須能對本地方（區）、區域、全國、國際及全球各地有關知識日益增加瞭解，特別是下列領域：一、各地方（區）的知識；二、各地方（區）特色的瞭解；三、清楚各地方（區）的異同；四、對某一特定地方的問題和地理要素之間關係，能瞭解清楚。

茲將本項教學目標的內涵，前六個等級介紹、舉例說明如下：

第一級目標　學生應能：

- 說出本地方大家熟悉的地形地物。例如正確說出本地的街道名稱、郵局、公園、河流、山丘、商店等。
- 知道本地方人士所舉辦的活動。例如指出由家長、學校老師、或地方人士所發動或舉辦的各項活動。
- 清楚說明自己的住家所在。例如說出住居地址。
- 知道自己住家所在地方以外另有天地。例如會談論或繪出他曾經到過的地方或在照片上看過的地方。

第二級目標　學生應能：

- 說出自己國家的名字。

• 說出英國包含那些地區。

• 描述本地區土地和建築物的主要用途。例如說出土地用來建造房屋、商店、農場、交通要道、遊樂設施、工廠等，而各種建築物有不同功能。

• 指出地方特質，並說明它們如何影響當地居民生活，如食、衣、住、行等各方面。

• 描述本地區與其它地區相同與不同之處，例如在農耕、氣候、動植物、建築物、交通、民眾生活等方面。

第三級目標　學生應能：

• 閱讀不列顛地圖，據以說出圖示要點。

• 從全國地圖中找到自己家鄉所在地的正確位置。

• 使用正確的地理學詞彙，描述本地方大家所熟悉的景觀和活動內容。例如山丘、懸崖、山谷、建築型態、休閒型態和設施等。

• 比較分析本地區與其它地區在職業上、特色上的異同。例如信仰、土地使用、工作類別、休閒活動……等。

• 分析說明本地方土地使用和建築型態與民眾活動之間的關係。

• 說明本地某些設施或舉辦活動何以要選擇該地點的原因。例如郵局為何常設在交通便捷之處等。

第四級目標　學生應能：

- 閱讀並說明歐洲地圖、英國地圖所示各國、各重要海洋等。
- 描述鄉村景觀因人爲因素而受到的影響和變化。例如因經濟活動（農、工發展）、交通設施、觀光事業等人爲因素，所導致的變化。
- 報告說明本地區近年或未來計畫中的變遷情形。例如扼述本地區房地產概況、超級市場或交流道與建計畫等。
- 描述自己家鄉地理特徵，如風景文物、人口分布等。
- 介紹開發中國家人民生活，受到土質、氣候、和財富因素影響的情形。

第五級目標　學生應能：

- 閱讀並說明歐洲、全球地圖所示各國國名、首都、海洋、主要河流等內容（參見附錄圖B、圖C）。
- 說明本地方各項特徵彼此間相互關係。例如地理特質、道路系統、人口分布、經濟活動等彼此間關係。
- 分析介紹英國以外某地區人民就業情形、土地使用和居住型態等，與其地理位置、環境之間關係。

第六級目標　學生應能：

• 介紹本地方（或家鄉）因近代社會變遷所產生的衝擊。例如科技進步、經濟發展、政治民主化等，對本地土地使用、就業結構等方面的影響。

• 描述歐洲共同體各國相近似的地理特徵，並選擇兩地區分析比較其在氣候、地質、土地使用、生活方式等方面的差異情形。

• 說明開發中國家因地理條件不同，而產生人口分布差別之情形。

• 比較分析美國、蘇俄、和日本三國，在地理位置、面積、人口、經濟發展、貿易等方面的異同。

• 介紹美國、蘇俄、和日本三國在能源使用及生產方面之異同。

教學目標三（Attainment target 3）

自然地理方面的探討——旨在增進學生對下列自然地理的知識和理解：一、氣候和天氣；二、河流、湖泊、海洋；三、地形（landforms）；四、動物、植物和土壤。

茲將本項教學目標內涵中，前六個等級介紹，說明如下：

第一級目標　學生應能：

• 認識砂石、土壤和水，並瞭解它們都是自然環境重要元素之一，並能簡介它們的特質。

第二級目標　學生應能：

•瞭解四季變化情形，並能用圖畫或口說方式，描述自己經驗過的春、夏、秋、多季節與氣候變化現象。

•說出水在自然環境中出現或產生的形式。例如雨、霧、雲、冰雪、池水、河水、海洋等。

第三級目標　學生應能：

•描述世界上氣候截然不同的地區。例如南、北極；熱帶沙漠區熱而燥，熱帶森林區熱而濕等。

•說明雨水落地後的走向。例如雨水落在平原區，或山坡區，各有不同的結果。

•經由直接觀察後正確瞭解並能介紹山丘、山谷、湖泊、海濱、河流等不同景觀之特質。

第四級目標　學生應能：

•解釋地理位置與氣候、風速、風向等之關連。例如比較分析向陽與背光地區氣候之差別；城牆或房屋門窗方位與風向的關係等。

•走出教室或校門去調查蒐集，據以報告說明本地方地形地物被侵蝕、流失的情形。

•瞭解河流的構造，包括水源、支流、河床及出口多係注入湖泊或海洋等。

•參考課本、報章雜誌、視聽媒體等資料，報告說明地殼運動包括地震、火山爆發所造成的傷害。

•比較分析土壤型態及其特質，包括深度、結構、顏色及其它可見內涵之不同。

第五級目標　學生應能：

- 調查分析並繪製不列顛各地區四季平均氣溫及雨量分布圖表，並淸楚說明。
- 就某一地區的氣候和氣溫關係做比較分析。
- 使用地圖、圖表等說明河水氾濫的成因，並介紹人類利用那些方法以防止河水肆虐。
- 提出事證以說明風化、侵蝕的型態。例如調查瞭解學校內或本地區建築物受到化學性腐蝕、霜凍侵蝕和生物性風化的情形。
- 比較分析地殼結構與火山爆發及地震頻率分布的關係。

第六級目標　學生應能：

- 說明降雨的成因。例如降雨量與地勢高低、氣流強弱等之關係。
- 描述氣候型態特質及其分布情形，並說明其與緯度高低、水陸面積大小之間的關係。
- 應用系統圖表或電腦模式說明水資源的流向、儲存、轉化等現象，及其主要成因。
- 描述河流流域的特質。
- 簡要介紹地形特質。例如閱讀一張地圖或相片後，能扼要介紹海濱、海灣、高原、峭壁……等地之所在及其特質。
- 選擇一種植物並描述其如何順應環境條件及人爲影響。例如地中海地區林地和叢林植物，如何能適應炎熱乾燥的夏天和溫暖而潮濕的冬天；居民用以牧牛羊，甚而縱火燒山等行爲，又產生些什麼影響。

• 描述一種自然災害形成過程，以及人類因應措施。例如河流或海水泛濫成災的形成原因，及人類如何防範。

教學目標四（Attainment target 4）

人文地理方面的探討——旨在增進學生對下列人文地理的知識和理解：一、人口；二、聚居；三、交通與移動；四、經濟活動等。

茲將本項教學目標內涵中前六個等級，介紹、說明如下：

第一級目標　學生應能：

• 認知建築物的各種不同用途。例如有些是住家，有些是店舖、工廠、辦公室、學校……等。

• 說出人類常用的交通工具。例如汽車、公車、火車、腳踏車、計程車等，是步行以外常見上班、上學的交通工具。

• 瞭解成人社會有各種不同的工作，能就自己所見過的工作內容報告出來。

第二級目標　學生應能：

• 瞭解住家是羣聚的一種，而且規模有大小之別。例如閱讀地圖或觀看圖片後，能辨識鄉村、城鎮、或都市地區的住家。

• 說出人類出外旅行的原因或目的。例如有人外出購物或拜訪親友，有人遠行去渡假、觀光等，各有不同。

• 明白本社區日用品及公共服務供應或取得的方法與地點。例如食物可到店舖購買或電話訂購，郵票在那些地方可買到等。

第三級目標　學生應能：

• 列舉民眾搬家的可能原因。例如工作關係、退休、換大或換小、逃難……等。

• 從地圖、相片、或歷史文件中，瞭解各特定地區的特色與功能。例如休假中心有旅館、浴場、和各項休閒設施；商業區有市場和商業大樓等。

• 說明各種運輸方式的特色和利弊得失。例如海運、空運、公路、鐵路各有何優劣，它們載運的貨物有何特色。

• 區分那些設施需用大面積土地，那些設施使用小面積土地即可。例如農牧、造林、工業區等需用土地面積大，辦公室、醫院、小店等需用土地面積小。

第四級目標　學生應能：

• 瞭解人口分布依地區而有別，並能說出原因。例如調查報告英國城、鄉人口分布情形，沙漠地區人口多寡等。

● 調查報告某一特定地區局部開發的方案及其功能。例如爲何在郊區闢建住宅和購物中心，及其構想又如何等。

● 說明重大變遷可能產生的衝擊。例如上述特定郊區新闢住宅和購物中心，可能造成的有利和不利影響。

● 解析爲何鐵、公路在某些路段捨直線（近）而取彎路（遠）。例如鐵、公路常沿山谷畹延而行，以避開陡峭或易有水患的平坦地區。

● 提出土地使用方式的理由，並瞭解土地使用看法不同和經濟活動設施地點選擇意見不同等，可能引發許多爭論。例如開新路需徵購土地，可能涉及百姓權益之爭。

第五級目標　學生應能：

● 指出某一地區或國家人口總數變遷的原因。例如人口遷徙、出生率和死亡率等皆爲人口變遷的造因。

● 分析個人遷居屯墾地點選擇的要素，以及遷居人數過多以後可能產生的影響。例如郊區擴大以後對農地使用及鄉村社區的影響。

● 探究找出某一地區經濟活動成長的因素。

● 比較鐵、公路網的異同，並說明其現代變遷對民眾的影響。例如探討單行道設立、鐵路線關閉等措施，對居民生活的影響。

•比較分析各種經濟活動在土地使用及分布型態上的異同，例如小店、購物街、購物中心、超級市場等各具特色。

第六級目標　學生應能：

•分析全球各地人口分布與自然資源分布，自然環境特質、工業化、都市化等因素之關係。

•就某一城鎭土地使用型態加以探究分析，並指出隨著年久及需求變化所產生的問題。

•比較分析同一地區購物中心型態差異情形及其成因。例如規模大小不同，其所提供的貨品和服務可能有別；規模大小是否與交通條件、民眾購物行爲、經濟活動狀況等有關。

•比較分析鐵、公路之優劣點，並說明隨著科技進步和其他方面的發展，可能導致的改變。例如闢建高速公路，或鐵路電氣化。

•檢討集中同性質經濟活動或企業於一地的做法，其優、缺點如何。例如科學園區、購物中心等。

•應用允當的指數以比較分析世界各地經濟發展，和財富水平狀況。例如平均所得、識字率、就學率、每千人享有醫師人數……等。

教學目標五（Attainment target 5）

環境地理的知識和理解——旨在增進兒童對下列環境地理要項的知識和理解程度：一、自然資源的正用與誤用；二、各種環境的品質和脆弱性；三、環境保護和管理的可能性。

茲將本項教學目標前六個等級的內涵，介紹說明如下。

第一級目標　學生應能：

• 明確指出從自然資源中獲得的常見日用品。例如木頭是由樹木取得的，煤炭是由地面下挖來的，食物是由動、植物衍生的。

• 對本地方的事物特質，表示自己的喜愛與不喜愛。例如藉著畫圖或口說，表達自己認爲本地方的美（如安靜）、醜（空氣汚染）等。

第二級目標　學生應能：

• 確知人類如何從周遭環境獲取日常用品。例如伐木、漁撈、採礦、狩獵等。

• 描述人類如何改變了自然環境品質。例如開路、建築、休閒設施、水汚染、空氣汚染等事實。

• 提出改進自然環境品質的方法或策略。例如組織廢紙回收工作隊，參加學校庭園發展改進計畫等。

第三級目標　學生應能：

• 說出人類豪取自然資源後對環境的影響。例如開路、建築、伐木、狩獵等行爲，可能造成對景觀的破壞。

•介紹一種爲改善本地環境或某特定地區環境而設計的活動內容。例如學校綠地的培植與維護可做爲活動主題，指導學生去設計、推展。

第四級目標　學生應能：

•列舉清水的主要來源，以及確保水源供應不斷的主要方法。例如學生要能說出水得自河流、湖泊、和地下水；儲存在桶子、水壩；透過管線輸送到用戶。自來水公司及有關當局採取了那些方法以確保供應無缺，並避免水污染等。

•討論特殊環境需要特殊保護問題。例如稀有動、植物及歷史性房屋建築，是否需要立法予以保護。

•探討如何維修及重整遭破壞景觀的方法。例如荒廢閒置土地如何重新應用；造林以促進景觀等。

第五級目標　學生應能：

•說明河流、湖泊、海洋易受污染的原因，以及水源已經受到那些不同的污染。

•區分可再生與不可再生資源之不同。例如廢紙、鋁罐等爲可再生資源，學生能列舉評鑑的指標。

第六級目標　學生應能：

•列舉至少兩種能源開發，對環境造成的影響。例如蒐集資料並分析報告水力發電、火力發電、及核能發電對環境品質的影響。

• 解析主要風景區常引發需求衝突的原因。例如國家公園、海岸或鄉村保護區，常因農牧、造林、狩獵、軍用、貯水、遊樂等不同目的，而有使用意見上的衝突。

• 瞭解環境保護與管理的計畫，有時得到相反的效果。例如英國政府曾接受環境保護團體建議，除去灌木籬牆，結果造成野生動物死亡和土壤腐飾的反效果；美國曾因人工造成貯水區而引發地震等，減弱了環境保護計畫的信賴度。

總而言之，地理科的教學目標有下列五項（NCC, 1991b）：

• 目標一：地理學技能（geographical skills）

包括地圖的使用和實地訪查技巧。

目標二：地區（方）的知識與理解（knowledge & understanding of places）

包括主要的地形地物（features）；地區性、區域性、全國性和國際性各地方，相似點和相異點的比較分析。

目標三：自然地理（physical geography）

包括天氣和氣候、河流、海和大洋、地形（landforms）、動植物和土壤等。

目標四：人文地理（human geography）

包括人口、聚居（settlements）、交通和移動、經濟活動等。

目標五：環境地理（environmental geography）。

包括自然資源的使用與誤用；各類環境的品質和易損性；環境保護與管理的可能性等。

第二節　英國小學地理科現行教學綱要

教學綱要包括教材、技巧、和歷程之敍述，係用來教學以協助學生達成教學目標的工具。地理科每一教學年段（五～十六歲計分四年段）的教學綱要，細分二類：一是所有學生均適用者，另一是只適用於程度較高學生，用以加廣加深者，藉能更加切合個別需要（DES, 1991d）。

■第一階段（五～七歲）教學綱要

一、研讀地理的技能（geographical skills）方面

㈠小學低年級（五～七歲）地理科教學，應以探究活動爲主要內容。教學貴能配合兒童的興趣、經驗、和能力，並兼重教室教學和校外實地訪視活動，期使從事調查、探究工作。本階段幼兒的地理科教學，著重直接經驗和親自參與活動，並以探究本地區爲主。

㈡鼓勵兒童提出地理方面的問題。例：爲什麼這個地方會是這個樣子？並輔導他們去自尋答案。

學生須有應用資訊檢索技能（information technology）的機會，因此，教師應教導他們：

1. 觀察周遭環境特質，檢視遠地的圖片和地圖，並增進使用地理學語彙的能力。例如會用山丘、河流、道路、坡度、房屋……等詞語，描述他所看見的景物。

2. 比較分析各地方的異、同點。例如土地使用、房屋使用、生活方式、工作內容等方面的比較。

3. 篩選資料的方法。例如教師提供他們大量資料，然後要求學生從中選擇跟「水的研究」有關的部分。

㈢增進學生下列能力：

1. 依循指示方向，包括向前—向後、上—下、左—右、南—北、東—西等。

2. 從地形圖中抽取資訊，或添油加醋詳加解釋。

3. 利用周遭物品以協助繪製圖案的能力。

4. 針對實際或想像中的地方（例如自己的臥室或金銀島），能利用妥切的符號將它呈現出來。

5. 能區分地圖或地球儀上海洋、陸地的所在。

6. 能看圖示找出路線方向。例如教師提示一張學校所在地的地圖，讓學生去判讀。

7.辨識照片或圖片上的景物，如鐵路、公路、住家、河流、山丘，及特定地方所在。

8.觀測、描述和記錄一小段時日的天氣概況。

㈣程度較佳兒童，應教以：

1.正確使用羅盤針八方位。

2.繪製簡短路線圖。例如由住家↓學校的路線圖，並標示出沿路各重要景物。

3.閱讀地圖時，懂得應用字母和數字交叉找出景物的位置。

4.閱讀本地（本校）大地圖，找到自己所在位置，並指認其它重要景物之所在。

5.研讀斜角空照圖能正確指認景物所在方位。

二、對各地方和主題的認識方面

㈠增進學生對本國及外國各重要地方的認識。教學儘可能安排學生實地參觀訪問，其它輔助性歷程或資源亦不可少。例如圖片、實物、故事、影片等。

所謂重要地方，須是小區域但具有特色。就本地方而言，則以學校或兒童住家近鄰為優先。

㈡兒童應學會：

1.說出家庭住址。

2.說出住居地方的名稱。

3. 英國是由英格蘭、蘇格蘭、威爾斯、和北愛爾蘭等地方構成。

㈢程度較高學生，應教以：

1. 能在地圖或地球儀上指認英國及世界各主要國家、地區、和城市的方位。
2. 在英國地圖上塡出其四個組成地區的位置。
3. 能在英國地圖上指出自己居住地方之大略位置。

㈣小學一、二年級教材，應包含：

1. 學校所在地（本地區）的介紹。
2. 國內另一地區，但須與本地區很不相同，可作對應比較的地方。
3. 另擇國外一個相對等的地區。

上述三個地區（方）的教學，須爲下列三個教學目標預做準備。

㈤教學須能促進兒童下列能力：

1. 明確說出本地區一般民眾熟悉的景物所在和名稱。例如公園、重要建築物、做禮拜的地方等。
2. 調查瞭解本地區土地和建物使用的狀況。
3. 談論本地區民眾工作和休閒活動的主要內容。例如調查他們到那些地方工作或遊樂。
4. 透過照片、郵卡等去探討瞭解本地區外某地方的特色，並說明這些特色影響當地方人民生活的情形。

5. 比較分析本地區和其它地區（國內、國外的）的異同，並報告分享其他同學。

㈥程度較高學生，應教以：

1. 正確認識地理學詞彙，並用以描述、介紹他們參觀過的本地方情形。內容包括景觀特色、企業活動、和休閒活動等。

2. 介紹本地區經濟活動分布情形，並說明所以如此分布的原因。

3. 敍述其它地區景觀特色及民眾就業情形，並用以與本地區情況做比較分析。

4. 觀察並指出本地區土地使用與建築物、民眾活動狀況之間的關係。例如店舖、農場和工廠的位置當初為何如此安排的理由。

三、自然地理方面

㈠教學應促進兒童下列能力：

1. 探究土壤、水、岩石和砂，並體認出這些物質是自然環境中的一部分。

2. 瞭解水有各種型態，併存在自然環境裏。

3. 熟悉自然景物，並能明確指認河流、山丘、池塘、樹林等，而且知道如何去探究坡度大小。

4. 調查瞭解本地一年四季氣候變化狀況，並說明氣候對自己及周遭事物的影響情形。

㈡程度較佳學生，應教以：

1. 辨識並會描述自然景物如河流、山丘、山谷、湖泊、海濱……等。

2. 瞭解雨水落地後，因為泥土表面質地不同，坡度有別，而產生迥異的結果。

3. 世界各地氣候有別。例如兩極、熱帶沙漠區和熱帶森林區等，有很大差異。

四、人文地理方面

㈠應教導學生：

1. 調查瞭解本地區及外圍地區建築物使用的功能或狀況。

2. 調查本地民眾出外的交通方法，以瞭解為什麼當今社會民眾需用各種交通方法（工具），以及為什麼民眾出外行程有遠近之別。

3. 知悉大部分住屋是羣聚在一起，而且羣聚的規模有大小之不同。

4. 瞭解本地區民眾日常所需用品及服務，供應的方法和地方。

5. 認識社會分工現象，成人各就各業，相依相成。例如公車司機、泥水匠、義工、教師……等各有貢獻。

㈡程度較高學生，應教以：

1. 土地用途很多。例如可耕種、建築房舍、闢建遊樂區、設工廠等。用途不同，所需土地面積隨之有別。

2. 各種運輸方法均具特色，依目的、功能而選用。進一步探討運人輸物的方法，隨著時代的演進而有了很大的變化。

3. 民眾遷居的因素。例如工作異動、結婚、退休、換個環境、避難等。

4. 如何從聚落或村莊現存特色中，探索當時遷居此地的目的、和原有風味。

五、環境地理方面

㈠學生應學會：

1. 人類日常用品之所由來。例如魚從河、海中撈來；毛衣從羊身上來。

2. 討論、說明自己對生活環境中所喜歡、不喜歡的事物特質。例如常問：那些事物對我們的生活環境有利？有害？

3. 指出造成環境變化的行爲或措施，並提出用以改善環境品質的方案。

㈡程度較高學生，應增加下列教學：

1. 人類取用自然資源如狩獵、採礦，導致環境品質受到損害的情形。

2. 區分自然資源，和人造物品的差異。

3. 探討本地或外地參觀所得有關改善環境品質的措施或活動。

第二階段（八～十一歲）教學綱要

二、研讀地理的技能方面

㈠小學中、高年級（六～十一歲）地理科教學，仍須以探究活動爲主要內容。教學貴能配合兒童興趣、能力、和經驗，並兼重教室教學和校外實地訪視歷程，以使從事調查、研究工作。本階段兒童學習地理，宜經由對特定地方和地理學要目之研習，以發展其地理學研究技能。兒童應有練習使用資訊科技的機會。

㈡增進學生下列能力：

1. 使用簡易器具以觀察、測量地理條件與特質。例如皮尺、雨量器、風速器、羅盤等。
2. 從各種資源中選取有關資料。例如訪客、照片、地圖、圖表、文件、報章雜誌、廣播電視節目……等都是重要資訊來源。

㈢培養學生下列知能：

1. 能從圖片或照片中指認住家、鐵路、河流、山丘等，並能使用地理學詞彙訴說在圖片上所見的事物。
2. 研讀地圖能夠解釋圖上符號，測出方向和距離，按圖索驥並說出重要地點的位置。
3. 有效應用符號把一個眞實或想像的地方呈現出來；會使用也會繪製路線圖；能繪製小區域的地圖，並呈現出主要的景物。
4. 使用羅盤八方位的功能。

5.計算出地圖上兩點間的直線距離。
6.應用字母和數字，或四碼座標研讀地圖，找出某一景物或地點的方位。
7.在學校大型地圖上能找到自己的位置，並指認教室外校園景物之所在。
8.能在垂直空照圖片上指認鐵路、公路、河流所在，並用以與地圖相比對。
9.看地圖能找到所要找的地點或景物。
10.懂得應用地圖集鑑的目錄頁或索引，找到所需要的資料。
11.使用簡單器具觀察並測量天氣狀況，並作記錄。

㈣程度較高的學生，教學內容增加：

1.如何研讀一：五〇、〇〇〇或一：二五、〇〇〇的傳統式微縮地圖。
2.研閱並解說地勢圖。
3.從地圖上所顯示的分布型態，抽引出概念的知能。
4.利用地圖以確認親眼所見的景物。
5.應用經、緯度以協助在地圖集鑑上找到某地方的位置。
6.瞭解到球體可以用平面圖來呈現或表示。

二、對各地方和主題的認識方面

㈠兒童應發展有關地理學探討主題及對各地方的知識和瞭解。並應習會如何獲取資訊及培養技能，俾能對所獲得的知識加以解釋和了解。

(二)兒童須學會在地圖、地球儀上，指認出本地區重點地方，新聞媒體常報導的地方，以及他們正在探討的地方。因此，學校應教以：

1. 熟悉圖A、圖B、圖C、和圖D(如附錄一)所載各參照點或地名、國名、海洋名稱等。

2. 說出英國的主要組成地區，並在地圖上填出它們的位置，大略指出自己的居住地方。

(三)程度較佳學生，應教以如何在地圖或地球儀上，指出圖E、圖F所載各參照點。

(四)小學中、高年級地理科教材，應包括下列各點：

	級別			
地方性	2	3	4	5
本地區	·	·	·	
國內相對應地區	·	·	·	
開發中國家的相對應地區	·	·	·	·
其它歐洲共同體相對應地區				·
區域性				
本區域性			·	·

上述「本區域性」之界定由教師決定，宜斟酌將學校所在地、擬探討區域面積大小、人口多寡等因素，納入考慮。

㈤兒童須對本地方地理狀況研讀清楚，重點有：

1. 調查本地方土地及建築物使用狀況或目的，並將自己觀察到的本地方自然景觀特質、企業與休閒活動型態等，應用正確的地理學詞彙報告或描述出來。

2. 觀察本地方土地使用、建築物、及民眾活動三者間的關係，並訴說其理由。

3. 針對本地方經濟活動分布位置，及特定活動場所之分布，提出理由加以說明。

㈥教導學生瞭解：

1. 自己的家鄉可視爲區域的一部分（卽由點到面）。

2. 家鄉區域的地理特質。

㈦程度較高學生，另加：家鄉區域各主要地理特質間的關連性。

㈧指導學生選擇本國和外國（開發中國家爲宜）各一個與本地區相對應的地方，作下列比較性研究：

1. 瞭解它們的特色，譬如蒐集郵卡、圖片等用以探討他們的地理特質及其對當地居民生活的影響。

2. 敍述它們的地理特質和居民職業，並用與本地情形作一比較。

3. 分析描述此三個地區的相似性和相異處。

4. 探究這三個地區曾有那些人爲因素，而導致顯著的改變。

5. 調查最近或即將發生的改變（變遷）事項。

6. 檢視開發中國家某地區地形、氣候、和財富狀況，對當地人民生活的影響。

㈨程度較佳學生，另教以：

探討開發中國家及英國之外歐洲某一國家中，某一地區的居民職業、土地使用、和居住型態等，與當地環境和位置的關係。

三、自然地理方面

㈠學生應習會：

1. 辨認並描述地形特質，例如河流、山丘、山谷、湖泊、海濱等他們所熟悉的事物。

2. 地點條件或方位如何影響地面溫度、風向、和風速；以及地面特質與坡度不同對雨水落地之後的影響。

3. 地震和火山爆發的原因和影響，以及火山爆發產生的噴火口、熔岩流等現象。

4. 辨識水的不同型態。

5. 河流的形成與出口，包括水源、河床、支河、河口及流入海洋等。

6. 河流、海浪、風、冰河等具有侵蝕、輸送和積存物質的作用。

7. 瞭解季節性的氣候型態或變化。

8. 世界各地氣候狀況，例如南北極、熱帶沙漠地區、熱帶森林區、溫帶地區等之不同。

9. 調查了解並比較各種土壤型態的顏色、構造、和成分。

(二)程度較佳同學，另加：

1. 霜凍性、化學性、和生物性風化作用，對鐵、公路和建築物的損壞力。並能區分風化和侵蝕的異同。

2. 檢視全球火山、地震的分布情形，及其與地殼板面斷層的關連性。

3. 河水氾濫的因果關係，以及防治的方法、策略。

4. 區分天氣（weather）與氣候（climate）的不同。

5. 英國各主要地區氣溫與降雨量的季節變化型態。

四、人文地理方面

(一)教材包括：

1. 全球各地人口分布不均的原因。

2. 調查瞭解民眾出外爲何有遠、近距離之分；出外使用的交通工具，爲何隨目的有別而有不同；運人輸物方法有了那些變化。

3. 人民爲何遷居。

4. 研究任何兩個定點間的交通路線，並瞭解爲何鐵、公路有時不採取兩定點間最短直線距離鋪設的原因。

5. 大部分住家都聚集在一塊，而每個部落聚居的規模大小不同；由各村落現存文物景觀特質，可以看出當初先民來此聚居的目的和其由來。

6. 研究小村落的配置和功能，並評鑑近代或現代主要變遷所造成的衝擊或影響。亦可選取大地區中的小範圍做爲研究對象。

7. 瞭解本地區民眾日常生活用品及公共服務供應的系統、方法和地點。

8. 土地使用的各種方式或方法，及其目的、功能；各類經濟活動場所的配置及其理由；用途不同所需求使用的土地面積大小有別；調查研究一件競相搶用土地而引發的衝突問題。

(二)程度較高學生，增加下列教材：

1. 探討區域性或全國性人口成長變化的因素。

2. 比較不同交通運輸系統之利弊得失。包括不同時間的新舊系統比較，或同一時間不同系統的比較，擇一而行。

3. 單戶獨居增加的原因及其地點選擇的因素；單戶獨居現象增加後所產生的問題及好處。

4.經濟活動發展常選擇在某些特定地方的原因。
5.調查瞭解本地區土地使用在農耕業、製造業、和零售業的情形，包括類別和型態。

五、環境地理方面

(一)教材內容包括：

1.人類從自然環境中取用物質的方法，及其產生的影響。例如採礦、狩獵對自然環境的衝擊。
2.區分人造物質和自然資源之差異。
3.有關水源保護及供應方法問題。
4.列舉曾經促進環境改善的活動或措施，提出學生能夠做到的改進環境的方法；並蒐集本地區或其它地區有關環境保護與促進的做法或計畫。
5.探討防止環境遭受傷害的途徑，以及重建復原環境的策略；並討論某些特定環境是否需要特別保護問題。

(二)程度較佳學生，增授下列內容：

1.可再生資源及不能再生資源之區分。
2.探討河流、湖泊、和海洋易受汚染的原因，以及汚染形成的途徑。

以上所述教學目標和教學綱要，只是提供了法定的課程架構，至於詳細教材內容，則有賴教師費神自行發展或編輯。國家課程委員會並建議中、小學教師，編選教材時，須注意下列要領（NCC, 1991b）：

一、如何將法定教學綱要內容納入教學單元。
二、愼選研習的地方（區）。
三、如何有效跟別科目做好橫的連繫或聯絡教學，並且留意配合跨聯課程的實施。
四、地理科五大教學目標，務求均衡並重，避免倚輕倚重。

第三節　地理科教學活動舉隅

國家統一課程標準中，地理科較具彈性，不若歷史科列有教學單元和專題以爲規範。因而，地理科教師必須自行設計教學計畫或專題。國家課程委員會爲協助教師解決困難，特於一九九一年印發地理科課程指引，介紹教學策略、方法和活動設計，茲摘述數則以供參考（NCC, 1991b）。

例一：探究活動

探究題目：你選擇那一條路線上學？

適用年級：小學低年級

活動內容：

- 調查瞭解由住家到學校有幾種路線可走。
- 分析比較各條路線的利弊得失，包括最快速、最便宜、最安全、最有趣等因素。
- 確定大家走得最多的一條。

探究教學方法適用於各年段教學，國家課程教學綱要中特別重視其應用，其要領爲：

- 教師發問，提出問題供學生思考。
- 蒐集有關資料，包括原始的和間接資料。
- 分析、解釋所得資料並評鑑之。
- 整理並提出發現。
- 歸納結論。
- 評鑑探究過程和結果。

上述步驟並非一成不變，端視實際狀況而定。

例二：實地訪查活動

實地訪查教學方法，係一目標導向，比較統整性的教學歷程，適用於國家課程地理科五項教學目標之範圍。例如下列六個主題即是環境地理教學目中，值得學生實地去訪視、調查的例子。

- 常到公園的人士
- 交通流量分布情形
- 本地風景區
- 本區綠地被改變使用的情形
- 空氣、噪音污染情況
- 本地海濱品質

採用實地訪查教學方法，首重充分準備。教師要能確切把握訪查目的，並妥善分配學生工作指派，工作包括測量、照像、攝影、畫圖、訪問、做記錄、蒐集樣本等。進行過程中，教師宜鼓勵學生提出問題，然後師生共同探求解答。例如下列是一些有關建築物的問題：

- 建築物的材料有那些？
- 這些建築物做什麼用途？
- 這座建築物的方位與風向、風速產生關係嗎？
- 本地方建築物有何改變？這些改變影響到居民的生活嗎？

例三：專題探討活動（topic work）

專題探討活動設計，常分二種：一是跨科性的專題（broad topic），另一是單科性專題(subject-led topic)。前者如家（homes）；後者如世界各地氣候比較。

茲列舉小學低年級地理科專題設計範例如下：

專題名稱	教學內容
我的家	・說出家住在那鄉鎮？那一國？ ・人爲什麼要搬家？
我住在那裏	・家鄉的地形地物、土地使用狀況、民眾工作與休閒生活情形、住居型式。
我如何上學	人爲什麼要外出？外出使用那些交通工具或方式？我每天上學的交通工具。
幫助我們的人	各行各業及日用品、公共服務之供應情形。
四季氣候	・春夏秋多氣候變化情形。 ・世界各地的變化狀況。 ・比較異同。
植物栽培	土壤、水、氣候的影響。

商店與購物	商店種類、商品產地、各行各業、建物使用、交通運輸。
地方特色	選擇一地介紹其特色，並說明特色對當地居民生活影響。另擇一地兩相比較。

上述「專題」係跨科性的，而「教學內容」僅係屬於地理科範圍而已，其它科目領域未予列入。

例四：配合跨聯課程聯絡教學活動

茲舉一例說明地理科教學與跨聯課程結合實施教學的活動設計。

單元名稱：改善家鄉

跨聯課程配合主題：包括環境教育、公民教育、經濟與企業常識、健康教育、生涯教育與輔導。

聯絡教學科目：地理、英文、數學、科學、科技。

教學活動：

首先大家取得共識，即學生、居民、教師和議會官員大家同意有加強改善本社區環境的需要。

由學生提出一份在本社區建設一個風景區的設計藍圖。在設計的過程中，學生：

一、加強他們的溝通技巧，包括：

㈠設計問卷。

㈡撰寫報告送請專家指教。

㈢訪問居民、教師、議員、學校其他師長等人士。

㈣會見議會官員、教師及專家，共同討論協商有關事宜。

二、決定地點：它須具

㈠安全而且有可看性。

㈡是塊保留區。

㈢可作爲實地訪查（田野工作）的資源。

㈣可供社區使用，而避免被遺忘、誤用、蠻荒。

三、執行計畫並評鑑績效

上述單元設計探討主題，可以斟酌調整以適用於不同年級。例如改善校園、改善學校遊樂場等，則範圍更小，內容更貼切於低年級學生。

本章所述係將英國國家統一課程，小學地理科課程標準及其補充資料（DES, 1991d; NCC, 1991b）轉譯而成，其中第一節教學目標所列第六級部分，屬於初中階段目標，多譯謹備參考。

第五章　英國小學公民教育之課程內容

社會科課程範圍廣泛，歷史和地理兩科爲其主要領域外，公民教育當是另一重點科目。

英國教育很早就重視公民教育，例如一九〇四年公布的小學規程（Elementary Code of 1904）明白提示：

「小學目標旨在建立並加強學生品德，發展其智能，務期充分利用學校生活以協助男、女學生能依個別需求，妥切有效地適應社會生活。」（Batho, 1990）。

一九〇五年潘尼（Bourne, 1905）出版《歷史和公民科之教學》（*The Teaching of History and Civics*）一書，強調公民教育的重要並提出實施策略。文中說：

「人民宜由兩種途徑教以公民責任：一、研習政府組織及個人對政府應負的責任；二、經由早年學校生活中社會行爲的紀律訓練，以培養良好習慣和公民特質。」（pp. 93-94）

時至一九二〇年，馬德里（H. Madeley）出版《歷史宛如公民培育學校》（*History as a School of Citizenship*）一書，強調學校課程應與我們欲求的生活相結合，與其探討古代歷史事蹟，不如多介紹當前本土教材，易懂而且實用，俾益培育社會良民。

一九二六年第一次哈都報告（Hadow Report）呼籲，學校教育應顧及兒童所接觸的社會環境的介紹，藉由歷史、地理和宗教教育強化其公民資格。嗣至一九三一年第二次哈都報告，在杜威思想影響下，強調學校教育目標旨在教導孩子如何生活，課程內容應重視活動和踐行經驗，不宜徒重事實知識的獲取和累積（Board of Education, 1931）。

一九三〇年代當是英國教育史上最公開倡導公民教育的時期。當時成立的公民教育協會（the association for education in citizenship）提出教育目標強調：提升民主社會公民所需具備的道德品質，並訓練兒童對日常生活事務能作清楚的思考。部分學校將公民教育列入課表教學，有關教科書也相繼出版。教材內容主要包括公民的權利和義務、政府組織、民主程序和爲民服務等（Batho, 1990; Gyte & Hill, 1991）。

二次大戰爆發，言論高唱社會科教育的重要，建議將之列爲課程設計的重心，以期培養愛好和平的良民。及至一九五〇～一九六〇年代，公民教育、社會科教育的倡導聲音逐漸消失。

一九四四年教育法案係近五〇年來影響英國教育最大的規定，其中最具特色者莫如對宗教教育的倡導。該法案要求：一、所有中、小學每天舉行團體宗教儀式以爲開始，每位學生均須參加；二、宗教教學須排定時間視爲正課，每位學生均須修習；三、各地方教育行政單位（Local Educational Authority，簡稱 LEA）務須訂頒宗教課程大綱，以爲遵循。法案中並指出，宗教教育之目的，旨在傳承基督信仰以及以基督教義爲主的價值觀念和精神涵養等英國傳統（Cox & Cairns, 1989）。

一九六三年紐森報告（Newsom Report）強調青少年參與社區服務的重要性，並呼籲公民教育須與課外活動結合，部分學校響應並將公民教育納入課表教學（Edwards & Fogelmon, 1991）。

一九六七年布勞頓報告（Plowden Report）公布，文中提示：

「學校如同社會，學童在學校藉由良好師生關係、同學關係和師長間關係的互動情形，可以學會和諧相處、關愛他人、守望相助及義不容辭等習性。倘若早年具有這些良好個人與社會關係經驗，對於長大後美好精神及道德價值觀念之培養，會有很大的助益。」(CACD, 1967)

一九八〇年英國教育科學部（Department of Education & Science）倡導個人與社會教育（Personal and Social Education, 簡稱 PSE）的重要，建議將之併同社區研習和社區服務加強實施（Edwards & Fogelmon, 1991）。

一九八一年教育科學部發布學校課程（The School Curriculum），認定教育的基本目標是要替每個學生的需要提供服務。然而所謂個別需要並非投其所好，係指基於下述兩大方針的個人需要：一、培育兒童爲成人生活做準備；二、配合個人潛能發展（DES, 1981）。

一九八二年，英國教育學者莫佩（McPhail, 1982）出版《社會與道德教育》（*Social and Moral Education*）一書，闡釋二者之意義及其異同，並提出學校實施社會教育和道德教育的策略與技巧，呼籲大家重視並努力以赴，期能提升全民生活品質。

一九八四年，一本名稱《個人、社會與道德教育》（*Personal, Social and Moral Education*）的書問世，作者威克曼（Wakeman, 1984）認爲個人教育、社會教育和道德教育，三者在目標上相當一致，均在協助兒童做個好國民，過著好生活；在內涵和實施策略上，也有相當類似而難以區分之處。

一九八九年教育科學部發布課程要項第十四號（Curriculum Matters 14），標題爲：「個人與社會教育：五～十六歲」（Personal and Social Education from 5 to 16）。強調國家統一課程雖未將個人與社會教育列入單獨設科課程之一，但各校仍應重視並加強實施，期能提升學生對自己、他人、社會之責任感和道德行爲的知識、理解、態度和品質（DES, 1989b）。

一九九〇年國家課程委員會（National Curriculum Council）出版《課程指引》第八册（*Curriculum Guidance: 8*），以公民教育（Education for Citizenship）爲題介紹其目標、內涵和實施策略。強調公民教育雖未列入統一課程科目之一，卻是跨聯課程之一，共同構成整全課程（Whole Curriculum）。公民教育人人所必須，其目的旨在協助學生瞭解國民應有的權利、義務和責任，並促進其對正義、民主和守法等文明社會所認同價值觀念的關注（NCC,

1990a）。

綜觀上述文獻資料，允可歸納下列要點：

第一、重視公民教育係英國傳統之一，無論是政府機構如教育科學部，或民間專業團體如公民教育協會，或是專家學者，均具共識並大力倡導。

第二、公民教育被認爲是學校課程重要部分之一，公民教育目標是學校教育目標必不可少的一部分。

第三、英國教育文獻和學校課程當中，另有「個人與社會教育」（簡稱 PSE）一詞，其教學目標與內容接近於公民教育而有差異，亦允宜視爲社會科課程領域之一。

因此，本章下分兩節分別介紹英國小學公民教育、個人與社會教育之課程內涵，以供參考。

第一節　英國小學公民教育之目標與內涵

公民教育傳統以來不單獨設科，分散在各科教學和各項活動中隨機實施，政府有關單位及學者專家素表關切，論述不少。茲依目標與內容分述如下：

一、公民教育的目標

英國於一九三一年由當時最高教育行政主管機關——教育委員會出版《公民教育》(*Education for Citizenship* ）一書，呼籲透過教育以改革社會風氣，書中要點略有（ Hubback & Simon, 1931）：

㈠科學及生產工業繼續進步著，但是我們的政治控制和運作歷程卻日益敗壞。

㈡科學之所以成功係因其探討的取向，只講眞理而摒棄激情和偏見；我們的政治取向反其道而行。

㈢政黨間互揭瘡疤，誇己貶人，誰是誰非困惑民眾。如何面對與選擇，唯賴教育一途。

㈣受過專業教育有學問而欠缺公民素養者，有能力應用自己的專業知識揉合暴力偏見來討論公共事務，並表達意見，足以誤導民眾。

㈤教育貴能指導學生理性思考，去除偏見與激情；並增進其政治、經濟方面的知識，及培養關心、積極參與公共事務的態度。

㈥當今是加強推動公民教育的成熟時機，而民主社會的良民須具下列四項特質：

1. 社會責任感。
2. 愛好眞理和自由。
3. 對日常事務能愼思明辨。
4. 熟悉當今政治和經濟事務。

英國國會於一九八八年十二月成立公民教育委員會（Commission on Citizenship），研究如何有效鼓勵青少年、成人積極參與公共事務，培養社會良民角色。該委員會強調，每位學生均應接受公民教育，而學校無疑是最佳培養場所。為達上述良民培育目標，一些民主生活的基本知能務須熟悉，如（Commission on Citizenship, 1990）：

㈠言之有物的辯論口才。

㈡代表他人或團體去執行任務（如開會發言）的能力。

㈢團體合作、共事的品性。

㈣扮好隊員角色或服從領導的修為。

㈤抗議以保護自己或團體權益的能力。

一九八八年教育改革法案未將公民教育列入國家統一課程，但是國家課程委員會於一九九〇年發布《課程指引》第八冊，倡導「公民教育」之重要，提出兩大目標如下（NCC, 1990a）：

㈠培養積極參與社會事務的國民態度，並激發其參與的動機。

㈡協助學生獲得並瞭解重要的資訊，促進其技能、價值觀念和態度之發展，以奠定良好國民之基礎。

分析而言，其具體目標如下：

㈠知識方面

公民教育應協助兒童增進下列知識與瞭解：

1. 社會特質——細目有：

①多樣的社會，包括家庭、學校、本地區、全國、全歐洲和全世界。

②社會如何統合變遷與穩定。

③社會如何組織起來，以及法律規章的重要性。

④社會如何統合滿足個人的需求和社區大眾的需求。

2. 民主社會中的角色和相互關係——細目有：

①個人彼此間、團體彼此間、社會相互間合作與競爭的本質。

②個人彼此間、團體相互間、社會彼此間所存在的差異性、相似處和互依性。

③不同社會及不同角色所可能遇到的機會和經驗。

3. 責任、義務和權利的本質和基礎——細目有：

①習俗和法律對責任、義務和權利的規定。

②公平、公正、和道德責任。

㈡技能方面

公民教育應增進兒童下列知能：

1. 溝通技巧——細目有二：

①言簡意賅地的提出自己的看法或論點。
②細心求證言論是否偏見不實，意見有無藏短。
2. 數字技能——細目有二：
①蒐集、分類及評鑑資料並予量化。
②解釋統計數字及看出機率。
3. 研究技能——細目有二：
①對資訊或資源的檢視，據以決定選用或拒用。
②計畫、組織並執行某項活動或研究，並進行事後檢討。
4. 問題解決技能——細目有二：
①瞭解並界定問題本質。
②根據事證選擇解決方案。
5. 個人與社會的技能——細目有二：
①與人共事。
②執行民主的權力和義務。
6. 資訊科技的技能——細目有二：
①會使用資訊科技去處理資料等。

②會使用或測試電子方法所貯藏的個人所需資料。

以上所列係依六項跨聯課程（cross-curricular）所含技巧而擬訂。

㈢態度方面

公民教育應培養下列民主社會良民所須備的態度：

1. 對社會及道德問題有自己獨立的想法。
2. 面對工作與挑戰能積極投入，堅忍奮進。
3. 樂觀看社會，如尊重司法和他人權利。
4. 尊重包容他人有不同的生活方式、信仰、意見和想法。
5. 樂意尊重他人合法權益。
6. 尊重理性的爭辯並贊同以非暴力方法解決衝突或爭端。
7. 對社會事務熱心參與並提供建設性的貢獻。
8. 積極關懷人權問題。
9. 體認民主的決策過程最爲重要。

㈣道德規範與價值觀念方面

公民教育應協助兒童培養關心別人、勤勞努力、自重、自律，以及誠實、敦厚等價值觀或道德品質。此外，還須提供機會，以促進下列能力之發展：

1. 比較自己與他人在價值觀念和信仰上的異同。

2. 檢視證據或事實和意見，進而歸納結論的能力。

3. 與他人討論差異觀點，進而解決衝突。

4. 對道德兩難困境，樂與他人共同討論，進而解決之。

5. 體認對與錯、是與非之間，往往不是絕對的。

6. 瞭解到每個人的價值觀念、信仰和道德規範等，常受個人經驗的影響，而且是變動不居。

由以上課程指引第八册所載目標之廣泛，可知國家課程委員會對公民教育的期望甚殷。

二、公民教育的內涵

馬歇爾（Marshall, 1950）曾對公民（citizenship）一詞下定義說：它是個人成爲社會一員後所取得的地位，隨而他擁有該地位所賦予的權利和義務。公民權利和義務的內涵，主要表現在三方面：

㈠人民的權利與義務——例如人身自由、言論自由、信仰自由等，社會制度中的法院與此最直接有關。

㈡政治的權利與義務——例如政治權力的行使、政黨的參與等，社會制度中的國會、各級政府事務最具代表性。

㈢社會的權利與義務——例如經濟福利、社會安全的獲得等，社會制度中的教育設施、社會福利單位與此最密切有關。

一九八八年英國國會成立的公民教育委員會，闡述馬歇爾的看法，並進一步提出公民資格須加強三項意識，即權利意識、義務意識、和責任意識。主張爲達目的，學校宜從知識、技能、態度三方面加強培育學生。該委員會曾建議十二、三歲兒童應研習下列內容：

自然保育、慈善活動、污染問題、基督社會、家庭、人際關係、支援第三世界、健康與安全、做決定、選舉與議會制度、警察制度、老人問題、健康飲食、休閒生活、酒煙問題、個人安全、金錢管理、生活方式、青少年技能、社區服務等(Commission on Citizenship, 1990）。

國家課程委員會在《公民教育課程指引》一書中（NCC, 1990a），提示八大內容重點。前三項範疇較廣，它們是：

㈠社會的本質。

㈡多元社會中的個人角色及關係。

㈢國民的權利、義務、與責任。

其餘五項係關於兒童當前及未來做爲一個國民所須面對的每天生活細項，它們是：

㈠家庭。

㈡民主生活。

㈢國民與法律。

㈣工作、就業和休閒。

㈤公共服務。

茲將上述八項重點之主要內容領域列述如下：

社會本質方面

說明：旨在幫助瞭解人與人間、團體與團體間、社會與社會間的關係對生活品質的影響。

探討領域：

㈠團體及社會的結構——包括經濟、社會和政治層面。

㈡角色互異則責任、義務及權利不同的變化情形。

㈢權威及影響力的來源。

㈣個人、羣體及社會需求及其獲得滿足之道。

㈤個人參與爲團體之一員後所得有利、不利後果。

㈥個人行爲如何影響他人，包括對其他團體或社會成員之影響。

㈦不同社會型態中個人的角色。

㈧家庭、教育、宗教、文化和社會結構對維繫社會穩定所扮演的角色。

多元社會方面

說明：旨在增進學生體認人人平等觀念，在法律之前各種文化和生活型態均被保障。培養國民具有共同的民主價值觀念，以化解團體彼此間可能產生的衝突。

探討領域：

(一)個人、團體、和社會彼此相互依存情形。
(二)個人、團體、和社會彼此間之異同，及其影響。
(三)個人知覺有所不同，及調和之道。
(四)英國是多文化、多種族、多信仰和多語言的社會。
(五)其它社會或國家文化歧異情形。
(六)從多種觀點或立場去研究歷史和文化。
(七)國際問題和全球之同問題。
(八)英國及其它國家或地區種族歧視的產生及其影響。

國民權利、義務方面

說明：旨在加強學生瞭解自己的權力、義務和責任，並促進對法律、他人、團體及社會的尊重，及勇於保護弱者或條件不利者之權益。

探討領域：

(一)良民的概念——個人及社會之責任、義務和權利。

㈡個人自由與社會規範間之平衡、個人義務、責任和權利間之平衡。
㈢權利類別及其行使、保護，和可能遭受的侵害。
㈣我國和其他國家保障國民權利的方法和措施。
㈤主要人權宣言：如一九四八年世界人權宣言、一九五〇年歐洲人權宣言，和一九八九年聯合國兒童權利宣言。
㈥資訊消息及取得單位。
㈦民主社會中國民依法應盡義務和責任。

家庭方面

說明：旨在鼓勵兒童深入瞭解家庭生活的本質，減免虛幻及刻板印象的家庭觀念；幫助他們檢討當前在家庭中角色扮演情形，並策勵未來夫婦生活、親子生活如何扮好角色，俾能營造良好家庭生活。

探討領域：

㈠家庭的重要性：對生理和精神健康、親情和兒童發展、情緒和生理需求的滿足等。
㈡家居生活、婚姻型態和家庭結構及其變遷。
㈢當前家庭生活常見問題，如離婚、分居、單親家庭等。
㈣個人對家庭的關係及責任，如家中角色、父母和子女對家庭的法律責任和道德責任。

㈤大眾傳播媒體所描述的家庭和婚姻的形象。

民主生活方面

說明：旨在增進兒童積極參與民主政治的技能，並提高參與的意願。

探討領域：

㈠英國政治制度，及其與他國、英國早期之不同。

㈡公民投票普選制度的發展。

㈢同業工會、專業協會、壓力團體等組織的角色和成立目的。

㈣權威、民意、自由和人權的意義和本質。

㈤民主、集權、憲法等重要名詞的意義。

㈥二十世紀推動國際和全球合作運動的原因和作法，有那些組織，其功能又如何。

國民與法律關係方面

說明：旨在提高學生對法律的瞭解和尊重，陶治公正、公平觀念，加強從事公益活動的使命感，藉以維繫良好社會生活品質。

探討領域：

㈠法律制度的基本理念。

㈡民、刑法之異同。

㈢民、刑法之訴訟程序。
㈣合法的社會福利有那些。
㈤法定的人民權利和義務。
㈥警察、民眾和法律。

工作、就業和休閒方面

說明：旨在增進兒童瞭解社會、政府和經濟因素如何影響個人的工作、就業和休閒生活。

探討領域：

㈠創造財富、工作和休閒生活對個人和社會的重要性。
㈡工作類別，如義務性工作、家庭工作等。
㈢工業、服務業、專業等各行各業的工作機會和責任性質。
㈣工作型態變動不居、婦女工作角色之變遷，以及人口增減對工作產生的衝擊。
㈤職業訓練、就業條件和生涯發展。
㈥僱主和雇工（勞資）雙方的法定權利和義務。
㈦勞資雙方各種民間團體的角色。
㈧就業機會均等的重要。
㈨失業及可能獲得資助的政府單位和服務團體。

㈩我國政府、歐洲共同體和其他國際組織，在工作、就業和經濟事務上所扮演的角色。
⑴業餘時間正當休閒生活的重要性。
⑵休閒活動和設備的介紹。
⑶休閒時間如何應用的成本、效益分析。
⑷休閒生活的提供與各級政府、企業界和個人意願息息相關。

公共服務

說明：旨在幫助兒童熟悉自己居住社區有那些公共服務，俾能增進個人生活幸福和社區有效運作。

探討領域：

㈠公共服務的範圍和品質和地方財富有關。
㈡民眾需求的服務有那些不同的獲得管道。
㈢不同地區或國家，不同時代有不同的公共服務。
㈣所謂最好的服務，言人人殊。
㈤人口結構變化對公共服務的影響。
㈥全國與地方公共服務概況。
㈦重要概念及用詞如利潤、財富之瞭解。

林奇和司莫利（Lynch & Smalley, 1991）二人在合寫的〈公民教育〉（"Citizenship Education"）一文中歸納指出，每個年輕人均須接受統整性的公民教育，其內涵主要有下列四項：

㈠對民主社會之形成、運作、權利、責任和義務的瞭解。

㈡發展尊重人的觀念，積極參與、諮商的態度。

㈢培養公民必備技能，包含智能的和社會性的。

㈣積極主動參與社區或社會事務。

綜觀上述，公民教育範圍廣博，內容豐富。一九九〇年英國國家課程委員會所揭示的八項重點，頗爲完整，可資參考。

第二節　英國小學個人與社會教育之目標與內涵

個人與社會教育情況與公民教育類同，雖然受到重視但並非獨立教學科目之一，端賴各科教學和各項活動相機實施。茲介紹其教育目標和內涵如下：

一、個人與社會教育的目標

個人與社會教育經於一九八〇年英國教育科學部倡導之後，有關言論著作相繼問世。例如馬尼夫（McNiff, 1986, pp. 8-18）出版《個人與社會教育》一書，文中指出當前學校課表上少見安排這方面科目，但是個人與社會行為發展的教育事實卻遍布各科教學和各項活動。馬尼夫更進一步分析指出，個人與社會教育具有兩大功能：㈠是危機防止的功能；㈡是社會適應能力的功能。前者貴能具備良好人際關係、社會參與態度、面對壓力……等知能，因而減除一些不良事件之發生；後者係指增進學生各項潛能發展和社會生活技巧，使能更有效適應或配合快速變遷的社會生活。

戴維德（David, 1982）認為個人與社會教育，包含正式課程教學和非正式課程之各項活動。其目標在增進學生對自我及他人、社會制度組織結構、社會和道德問題等之知識、理解和態度，俾能獲得下列良好行為發展：

㈠對自己的優點、缺點和態度有進一步瞭解。
㈡對青少年時期在情緒上、生理上和社會行為發展上的特質，有更深一層的認識。
㈢對他人的感觸或情意有更高的體會。
㈣更有信心和能力去表達自己的意見。
㈤提高對他人服務及負責任的態度。

教育科學部於一九八九年發行課程要項第十四號文件（Curriculum Matters 14），專題報導「個人與社會教育」有關課程及教學事宜（DES, 1989b）。它首先強調此一課程旨在增進學生對自己、他人、社會責任和道德的知識、理解、態度、能力、技巧和品質，俾能協助他們周慮而熱切地把握現前生活，並準備更積極有效地參與家庭生活、社會生活、經濟生活和公民生活。

文中又指出，英格蘭和威爾斯學校教育一向重視培養兒童成爲瞭解自己，並在家庭、社區、全國和國際社會中勇於負責任的一分子。由此觀之，個人與社會教育目標非常貼切於整體教育目的。

第十四號課程要項進一步分析指出，學校實施個人與社會教育，務期努力達成下列五大項三十六小項目標：

㈠個人特質與態度方面

1. 獨立的心靈。
2. 自信、自律和自重。
3. 對工作及挑戰熱忱投入並堅毅不拔。
4. 關懷他人。
5. 公正感、尊重法律及他人合法權益。
6. 尊重他人不同的生活方式和意見觀念。
7. 勇於替代需要幫助的人去爭取、維護他的利益。
8. 信守循由民主歷程以增進社區福利。
9. 關心自然生態保護、健康和環境維護。

㈡知識、理解方面——包括兩項：

1. 對自己、他人和環境的知識和瞭解，包括：

①自己的人格特質、需要、能力、興趣等，及其優、劣點所在。

②人的成長歷程，兼及情緒、心理和社會的發展。

③自己與他人在生理需求、身體條件和文化背景上的異同，並領悟到這些差異會影響到彼此相處之道。

④如何追求有益於身心健康的生活方式；避免疾病、災害發生之道：如戒煙、不酗酒和藥物誤用等。

⑤家庭、同輩團體、朋友和工作的本質和關係。

⑥如何面對凌辱、暴力。

⑦你我都可能促使事情或狀況變化，變好變壞你我要負責任。

2. 社會責任的瞭解和知識，包括：

①自然法則，他們爲何存在，又與法律有何不同。

②法律制訂與實施的過程與結構。

③爲何需要法律，立法的過程。

④促進社會安定和健康生活的法律內容。

⑤法律諮詢與資訊服務單位。
⑥婚姻、性關係的法律和道德責任。
⑦工作生活，包括對生涯機會及其與個人期望關係的瞭解。
⑧民間團體成立的目的與過程，包括政治的、經濟的和社會的團體。
⑨公民的權利和義務。
⑩民主社會的決策過程。

㈢道德觀念和行爲方面

1. 道德規範的內容；不同團體或文化有不同的規範；特別規範可能導致的結果。
2. 宗教信仰不同，哲學信念有別，則其道德觀念和規範可能產生差異。
3. 西方文化被認爲道德信仰和行爲傾向個人本位，應如何辯解。

㈣個人與社會能力和技巧方面

1. 日常生活知能。
2. 妥切有效表達意見及傾聽細看他人意見。
3. 敏於依據事證做選擇、下判斷。
4. 信心而有效地面對陌生環境和人物。
5. 記取錯誤並從變幻莫測的社會情境中學習。

6. 臨事愼謀能斷，並貫徹達成。

7. 積極主動參與，成爲家庭、學校和社會中有責任感的一員。

由以上五大項三十六小項教學目標內容看，個人與社會教育與社會科教育，應可視爲同根一體。

二、個人與社會教育之內涵

一九七五年教育科學部爲有效瞭解學生學習成就一般趨勢，特別設置了學習成就評量小組（Assessment of Performance Unit, 簡稱 APU）。該小組認爲個人與社會發展是重要教育目標之一，但以潛藏方式透過各科、各種活動實施其教學，效果如何允宜調查瞭解。因此，於一九七六年組成專案小組進行研究。

研究小組首先分析探討個人與社會發展（Personal and social development）的內涵特質，認爲宜從兩個環面來界定（APU, 1981）。

㈠就廣度而言，至少包括下列各項：

1. 一般性發展層面：個人及人際關係、道德觀念、社會意識。
2. 特殊性發展層面：職業的、政治的、法律的、環境的、健康的、社區的。
3. 宗教和哲學的層面。

㈡就深度而言，主要包括下列四項：

1. 知識。

2. 理解。

3. 應用。

4. 態度。

若將上述廣度各項內容和深度各項特質交叉（如附表），則構成個人與社會發展課程的大部分內容。舉例如下：

甲—㈠個人及人際關係方面的知識，如：

1. 人是什麼？

2. 我是怎麼樣的人？

3. 人與人之間有何異同？

甲—㈡個人及人際關係方面的理解，如：

1. 能理解上述人的實質和一些幻想有差異。

2. 能瞭解自己的興趣、需要和健康情形。

甲—㈢個人及人際關係方面的應用，如：

1. 有效處理人際關係。

2. 對自己行為負責。

3. 具團隊精神。

甲—(四)個人及人際關係方面的態度，如：

1. 自我觀念。

2. 對異性、不同人種的態度。

3. 對不同意見的態度。

乙—(一)道德觀念方面的知識，如：

1. 不傷害他人或動物。

2. 人口控制。

3. 接納不同文化。

乙—(二)道德觀念方面的理解，如：

1. 入境應隨俗。

2. 把握公平、公正。

3. 能替道德規範說理。

乙—(三)道德觀念方面的應用，如：

1. 爲所當爲。

2. 以身作則。

3. 遵守校規。

乙—㈣道德觀念方面的態度，如：

1. 尊重人權。
2. 遵循行爲規範。
3. 強調基本原則。

餘此類推，恕不贅述。

個人及社會發展課程內容結構表

廣度	深度			
	知識	理解	應用	態度
1. 一般性發展				
個人及人際關係 道德觀念 社會意識				
2. 特殊性發展				
職業的 政治的 法律的 環境的 健康的 社區的				
3. 宗教及哲學				

戴拉梭（Dirassouian, 1980）從教育社會學觀點指出，社會化是生活教育的重要歷程，學校應努力發展學生下列正確角色觀念：

甲、己—我觀念：每一個體都是獨立自主，擁有跟他人相等的基本人權；身爲人則必具有良好德行能力。

乙、羣—己觀念：1.要做個好國民；2.須具良好社會技能；3.備妥專業技能。

一九八〇年教育科學部在〈課程概觀〉（A View of the Curriculum）一文中提示，學校貴能提供學生學習機會，以促進其個人與社會行爲之發展。相關的課程有：宗教教育、人際關係、道德教育、健康教育、社區研究及服務、生涯教育及輔導、職業生活、工作經驗談、環境教育、經濟常識、政治常識等，都可以有所貢獻（DES, 1980）。

布林格（Pring, 1984）認爲個人與社會發展教育的目標，和道德教育目標相近，均在培育兒童自治自主能力（autonomy）。所謂自治自主，係指㈠對是非善惡有自己的看法；㈡堅守原則，守正不阿；㈢思辨清晰，意志堅定地去爲所當爲。因此，教育的目的，不在化「非人」（non-person）爲人，而在助人更加成爲人。換言之，教育貴能助人更周全地掌握推理、感觸和行爲的能力，以超越童稚，步入成人。

一九八四年，倫敦教育當局對中等教育學校進行評鑑，報告中提出十六項個人與社會教育的教學重點如下（Buck, 1987），可供參考。

生涯教育　　健康教育
公民教育　　工業教育
社區研究　　大眾傳播與休閒活動
宗教比較教育　　道德教育
消費教育　　政治教育
親職及家庭生活教育　　科學和工技對社會的影響
經濟教育　　資訊科技
社會和生活技能　　研究技能

教育科學部於一九八九年頒布的「個人與社會教育：五至十六歲」，文中提示個人與社會行為發展的教學，須採整全課程（whole curriculum）方式進行。卽國家課程中的核心科目，其他基礎科目、宗教教育、和跨聯課程（cross-curricular）五大主題等，應全面配合相機實施教學，以收宏效（DES, 1989b）。

一九九一年教育科學部發表的督學考察報告指出，個人與社會教育課程，應著重個人、團體和社會間關係的探究，例如居民的品質與相互關係、權利和義務、家庭結構和關係、犯罪問題、法律和秩序、權威問題、民主政治、環境管理、工業問題、工作和休閒等。這些主題可在本科目或分散在其他相關科目或活動中實施。

教學策略須能增進兒童對自己及自己生活環境的瞭解和知識外，並應發展其思辨、求證的判斷能力，以使個人與社會教育課程具有啟智功能（DES, 1991a）。

本章綜要

一、公民教育和個人與社會教育目標，均在協助兒童享有快樂童年生活，並爲將來成人生活預做準備，期能成爲民主社會良民。

二、爲達成上述目標，其教育內容廣包個人生活和社會生活相關事項，例如安全與保健的、人際關係的、政治的、經濟的、文化的、法律的……等領域均是。

三、教學的要求，不僅重知識的累積，並且兼重態度的培養、技能的嫻熟、思考與應用等，以期有效適應快速變遷的社會環境。

四、英國公民教育強調以個人爲起點，協助學生先瞭解自己，從而尊重他人，認識社會，和關懷自然，並與之建立良好互動關係。

五、瞭解自己須先體認自己是「人」，人不但具有私己的生理和心理狀況，而且具備一些與他互動的權利和義務。

六、尊重他人係推己及人的結果，學校應協助兒童以同理心去瞭解他人，關懷他人，並包容他人。

七、認識社會環境包括對社會制度、社會規範、社會責任、社會福利、社會生活、和社會問題等有關知識之獲得。就其廣度而言，由近及遠，包括家庭、學校、社區、社會、國家、及至於世界。

八、關懷自然包括欣賞自然、愛護自然、並積極參與自然環境保護工作。

九、所謂良好互動關係，係指基於瞭解、認識而建立在公正、公平、友愛、守法、合作、自主等基礎上，所表現的交互作用。

公民教育、個人與社會教育雖然不是國家課程科目之一，沒有國定課程標準，但是國家課程委員會並未忽視其重要性，先後於一九八九、一九九〇年出版課程要項及課程指引等，倡導其重要性，介紹其教學目標和內涵，本文詳加譯述，用供參考。至於在不單獨設科情況之下，其實施成效何如，則尚待觀察。

第六章　跨聯課程與社會科教育

英國國家課程發展委員會，於教育改革法案公布之後的第二年提出整全課程（the whole curriculum）訴求，強調學校教育不以國家統一課程（九科）爲限，科目之間亦非截然分離獨立，各校宜整體規劃，靈活運作。

整全課程係力求廣博、均衡並進的課程，除包括國家統一課程所規定的九科之外，還羅列宗教教育、其它外加科目（各校自主）、課外活動、以及跨聯課程等，甚且學校校風、校園倫理等潛在課程，亦涵蓋在內。

所謂跨聯課程（cross-curricular），係由三項要素構成（NCC, 1990d）。

一、努力方向（cross-curricular dimensions）——列有四點：

㈠跨聯課程旨在透過所有科目之共同配合，以促進學生個人與社會行爲之發展。

㈡跨聯課程須是各校整全課程設計中，顯著而不可忽視的一部分。

㈢跨聯課程務必是機會均等的教育，爲多元文化社會之兒童提供適合於他們的生活教育。

㈣跨聯課程人人有責，全校教師務須努力以赴。

二、技能要項（cross-curricular skills）——計有六類：

㈠意見溝通的技能
㈡數字計算的技能
㈢研究技能
㈣問題解決技能
㈤個人與社會的技能
㈥資訊科技應用技能

三、探討主題（cross-curricular themes）——共有五項：

㈠經濟與產業知識
㈡生涯教育與輔導
㈢健康教育
㈣公民教育
㈤環境教育

依據國家課程委員會提示，上述跨聯課程所列五個主題和六項技能，對於個人與社會行爲發展助益很大。因爲㈠它們探究價值和信念問題，此二者不但影響個人，而且影響到人一己關係，和世界ｰ個人關係的看法。㈡它們協助學生對現實生活有較佳的因應能力，並爲將來的工作和成人生活做好準備。㈢它們重視踐行功夫，並且強調做決定能力和從經驗中學習的重要。

由此觀之，跨聯課程之內涵實與社會科課程內容相謀合，而成爲本研究探討焦點之一。公民教育係跨聯課程五項主題之一，國家課程委員會於一九九〇年以第八號課程指引專册介紹其教學目標和內容，本報告第五章已予譯述。同年，國家課程委員會先後印發第四號和第七號課程指引，分別提示「經濟與產業知識」和「環境教育」之教學目標和內容。本章謹分兩節介紹如下，以供參考。

第一節 經濟與產業知識之課程內容

經濟與產業知識教育是國家統一課程委員會（NCC）所規定的跨聯課程探討主題之一，它不單獨設科施教，但須藉各科教學及各項活動隨機教學實施之。

依據國家課程委員會一九九〇年出版的第四號課程指引規定，經濟與產業知識教育的目的，旨在增進學生下列知識、理解、技能、和態度（NCC, 1990f）。

一、知識和理解方面，包括：

㈠經濟的基本概念，如生產、分配、供需等。

(二)企業如何為個人和社會製造財富。

(三)產業及產業關係之組織機構。

(四)消費者的意義，他們如何做決定並付諸行動。

(五)經濟與社會關係，以及其在不同經濟制度下的差異。

(六)科技發展及其對生活型態與工作場所的衝擊。

(七)政府及國際組織在調節經濟與提供公共服務上所扮演的角色。

二、技能方面，包括：

(一)蒐集、分析、和解釋經濟和產業資料。

(二)對解決經濟問題和經濟事務的決定，能愼思熟慮各種方案。

(三)區辨有關經濟狀況事實和價值觀敍述的不同。

(四)清楚明確地溝通表達經濟概念。

(五)建立與校外人士的工作關係。

(六)參與企業活動能跟人合作共事。

(七)積極主動。

(八)處理團體中經濟利益和意見衝突問題。

(九)有效溝通並聆聽他人對經濟和產業問題的意見。

三、態度方面，包括：

㈠對經濟和產業事務的興趣。

㈡討論經濟事務時能尊重證據（物）並理性辯論。

㈢珍惜稀有資源之使用。

㈣對自己的經濟行爲勇於負責。

㈤尊重不同經濟觀點，並樂於反省檢討自己的經濟觀點或價值觀。

㈥關懷經濟活動對環境的影響。

㈦從事經濟決定時，能考慮對人權的影響。

爲達上述目標，安排學生實地訪查產業和其它工作場所有其必要，實際經驗和活動更是教學成功的基礎。

教學要點

經濟與產業教育不獨立設科，有賴教師事前詳加計畫，有效配合其它科目實施隨機教學。國家課程委員會提出下列教學重點，可供參考。

㈠小學低年級部分

重點一：認識並愼選材料資源。例如透過下列活動進行：

1. 畫圖或模型製作——旨在引導兒童瞭解需要那些材料，以及從何處獲取材料等。

2.準備午餐——透過午餐準備，增進兒童瞭解材料類別、價值及其它需用資源。

重點二：瞭解成本與收益關係。例如班級教學中安排泥工和畫圖兩組同時進行，每人只能選一而為，使體會得一失一，不能得兼的事實。

重點三：體會人人都有需求。討論民生必需品，以及家庭為何要有一些家具等。

重點四：提高我是消費者意識，使更明白自己與生產者及銷售服務者之間的關係。教師可以跟兒童談論本地商店銷售情形，提問一英鎊使用計畫；或討論本地公車、圖書館服務情形。

重點五：認識購買、銷售和贈予是財貨及服務交易方式。討論存錢及花錢購物的不同結果；介紹金錢流通現象，如銀行、郵局存放款情形。

重點六：調查各行各業工作狀況。調查校內師長工作類別及其貢獻，報告分享同學；指導訪問調查地方上某一公司行號，分析其職位、工作內容、工作環境等，並報告結果。

重點七：明白貨品生產的繁雜過程。例如帶領參觀廚房工作情形，使明白午餐係由許多材料，經由多種過程和技術處理才生產而成。

重點八：探討各行各業各具技能、專長。指導觀察、訪問社區各行業人員，了解其工作性質及所需技能。

重點九：瞭解工具及科技對家庭和學校生活的貢獻。安排學生報告觀察結果，分享經驗並提出討論。

㈡小學中、高年級部分

重點一：領會有限資源的使用困境。教師可以設計用有限的經費預算，欲購買班級所需用品；或討論人類過當使用對有限資源產生的影響。

重點二：瞭解無論作何取捨，總會付出機會成本。例如利用討論班級郊遊地點選擇機會，解析多項選擇當中只能取其一，無論決定去那兒，難免會有遺憾。

重點三：體認個人日常生活的經濟活動選擇總有失有得；民眾利益常有不同而生衝突。例如上學帶飯盒與否各有利弊；討論如果本地蓋座超級市場，對那些人有利或不利？

重點四：區辨生活基本需求與欲望之不同，並關懷許多人的基本需求無法獲得滿足。討論大眾共同需求與個人欲望之差別；指導學生調查報告飲水、食物、交通等民生必需品匱乏不足地區人民生活不便情形。

重點五：瞭解消費者的意義，以及消費者與生產者間的關係。教師指導學生探討供需觀念；明白商業廣告激發民眾購買欲望情形。

重點六：知道金錢交換貨品和服務的意義，並探究影響貨品價格的因素。指導兒童調查貨品（如玩具）和服務（游泳門票）的價值核算要素；討論商店貨品漲價和跌價的原因。

重點七：分析工作職位各有不同及其關係。例如規定兒童參觀訪問一個企業單位，了解其工作職位劃分情形及相互關係。

重點八：增進了解貨品生產、分配、和銷售的方式。教師可以餐桌上食物爲探討對象，指導兒童探討了解它們的來源與歷程。

重點九：調查本社區的公共服務項目，商店、辦公室及產業數量與類別，並分析它們對當地民眾的重要性。例如實地參觀訪問郵局，了解他們的工作情形以及那些人應用郵局最頻繁等。

重點十：發展兒童的工作觀念。例如聽聽自己及他人對工作意義的看法；了解人爲何要工作，不工作又有何影響；介紹義工的特質等。

重點十一：加強認識工具及科技對工業生產的影響。例如訪問本地廠家利用機具生產的心得。

重點十二：調查新科技對民眾生活的影響。例如家電用品（刮鬍刀、果汁機）的使用情形。

重點十三：體認某些環境及社會問題與經濟和產業活動的關連。例如高速公路開闢對鄰近社區、野生動物等的影響；工業生產與酸雨的關係等。

重點十四：比較分析世界各主要地區、國家經濟和產業活動的相似性和差異性。例如瞭解交通和食物是全球人民共同必需品；本地農業、工業與其它地區有異有同。

第二節 環境教育之課程內容

依據國家課程委員會於一九九〇年出版的課程指引第七號規定，環境教育的目的主要為（NCC, 1990e）：

一、提供機會以學習有關保護、改善環境的知識、價值觀念、責任感、和技能。

二、鼓勵兒童從多種觀點去檢視、瞭解並解釋環境的意義，包括自然的、地理的、生物的、社會的、經濟的、政治的、科技的、歷史的、美學的、倫理的、和精神的觀點。

三、激發學生對環境的好奇與關懷，並且鼓勵積極參與環境問題的解決。

分析而言，環境教育的教學目標包含三方面二十一項。茲介紹如下：

一、知識方面

欲求兒童對環境問題做明智的判斷，務須先充實他們下列的知識和理解。

㈠環境變化的自然歷程。

㈡人類行為對環境造成的衝擊。

㈢過去與現在各種不同環境的比較。

㈣環境問題如溫室效應、酸雨、和污染的瞭解。

㈤本地、全國、及國際性有關保護與管理環境的法律規定；環保政策與決策做決定的歷程。
㈥環境的相互依存性，包括個別間、團體間、社區間、和國際間的相互依存性。例如英國發電廠的排出物可能影響斯堪的那維亞三國。
㈦人類生活和生計對環境的仰賴。
㈧對環境問題的爭論和衝突。
㈨往昔所做決策及行動對環境的影響。
㈩計畫、設計和美感的考慮對環境的重要。
⑪採取有效行動以保護和管理環境的重要。

二、技能方面

國家課程委員會提出六項技能如下：

㈠溝通技能

1. 應用口說、書寫、演劇等各種溝通媒介，有效表達個人對環境課題的意見和觀點。
2. 清楚而切題地對環境問題提出辯論。

㈡數量處理技能

1. 蒐集、分類、和分析資料，例如能執行生態調查研究工作。
2. 解釋說明統計數字。

㈢研究技能

1.收回、分析、解釋和評鑑各種不同來源有關環境的資料。

2.研究並組織專題計畫，例如本校環境改善專案計畫。

㈣問題解決的技能

1.明辨環境問題的因果關係。

2.對環境問題能做理性的思考和統整均衡的考量與判斷。

㈤個人與社會的技能

1.能跟人合作共事，例如參加環保工作隊。

2.善盡個人和團體應盡的環保工作責任，例如垃圾處理。

㈥資訊科技：

1.蒐集資料並應用電腦處理。

2.應用資訊科技從事模擬探究工作，例如核子反應器的運作模擬操作。

三、態度方面：

旨在培養積極態度以增進學生珍惜環境，保護環境的角色認同。主要內容如下：

㈠能關懷、珍惜環境及各類生物。

㈡對環境問題有獨立的見解。

㈢尊重他人信念和意見。

㈣講求證據和理性的辯論。

㈤容忍與開放的心靈。

教學要點

環境教育由三大內容構成：環境知識的、環境保護的、和環境探討的教育。

㈠環境知識方面的教育，其探討主題有：氣候；土壤、岩石和礦物；水資源；物資和資源；動植物；民眾和社區；建築物、工業化和廢棄物等。

上述主題並不單獨授課，須由國家課程所規定之科目相機聯絡教學，其中尤以自然、歷史、地理等科關係最爲密切。

㈡環境保護方面的教育，教材內容主要包含：

1. 探求小心、珍惜與正當使用現在與未來環境的方法。

2. 綜合考量利益衝突和不同文化背景因素，尋求環境問題的解決方法。

3. 瞭解必須採取的政策和必要的作法或決定。

上述教材內容，有賴歷史、地理、自然、宗教教育、音樂、美術、語文等科目配合實施教學。

㈢環境探討方面的教育，著重兒童實地接觸自然環境，以激發其好奇，探究的心理，藉由直接經驗與瞭解而建立更積極的環境態度。

教學單元舉例

例一

單元名稱：自然尋蹤

適用年級：小學低年級

單元目標：

㈠提供機會以增進其保護、改善環境所需的知識、價值觀念、態度、責任感、和技能。

㈡鼓勵兒童從各種觀點去檢視、解釋環境問題。

具體目標：

㈠知識方面——動植物與環境關係。

㈡技能方面——應用口述、書寫、演劇或藝術方面表達對環境的觀點和意見。

㈢態度方面——增進對環境及各種生物的關懷與珍惜。

教學活動：幼兒被邀參加自然尋蹤以探究自然世界之奇妙。鼓勵幼兒充分應用感官去發現、感覺沿途風光，藉以發展與自然環境的關係，建立尊重生物的觀念。

活動方法：幼兒分組，每組由教師和家長帶領，蒙上眼睛，沿著繩索開始自然尋蹤之旅。旅途分站，每站各有用意，旨在鼓勵幼兒應用不同感官去感覺，發現自然世界之特色。例如：

㈠觸摸牆面、探索磚塊的形狀和大小。
㈡嗅覺草本花園各種花草氣味。
㈢行走在碎石上並聆聽腳步聲。
㈣到達空曠地方，靜聽四處傳來的聲音。
㈤觸摸樹木，感受樹皮。

走完全程，揭開眼罩，告訴他們應用剛才沿途所得到的線索，找路回到出發點。清點人數到齊後，每人把遊歷經過畫出圖來，標明各站並寫出個人觀察的結果與心得。

進一步探討活動，可以另擇時間，鼓勵幼兒應用想像性的表演、繪畫方式，把上次活動對環境的印象表現出來。

本活動設計配合語文、自然、地理、美術等科實施。

例二

單元名稱：國際連線
適用年級：小學中、高年級
單元目標：㈠提供機會以增進對環境保護與改善的知識、價值觀念、態度、責任感、和技能。
㈡鼓勵兒童從各種觀點或立場去檢視、解釋環境課題。

具體目標：

㈠知識方面：

1.多瞭解過去和現在各種環境。

2.環境的相互依存性，包括個人的、團體的、社區的、和國際的。

3.人類生活和生計對環境的仰賴。

㈡技能方面：

1.應用各種媒介或方式表達對環境的觀點和意見。

2.收集、分析、解釋和評鑑各種來源有關環境的資料。

㈢態度方面：

尊重他人的信念和意見。

教學活動：協助九到十一歲兒童跟外國同年齡兒童建立關係，彼此交換訊息，報告生活情形及環境有關問題，彼此切磋、探討比較，以擴大瞭解。

活動方法：透過有關團體協助，尋找外國(例如奈及利亞)一所小學建立關係。初始，由教師信函中交換有關本學年課程計畫、行事曆、有關環境教育的活動計畫或單元等，藉以增進相互瞭解。

輔導兒童跟對方班級或個別兒童通信，先介紹自己、家庭生活、學校生活、居住社區等情形，包括相片、圖畫、地圖、書面資料等的互換。

彼此交換訊息達一定程度後，個別或分組討論、分析雙方在生活上、環境上的異同。最後選定雨林作爲進一步探討的重點。

由於來自奈及利亞的資料顯示，雨林種類繁多，並爲重要經濟資源。所以協助兒童從事鄰近雨林的調查研究活動。從而得到更多有關環境的自然歷程與人類關係的知識。

本活動設計可以配合語文、自然、地理、美術、和數學等科實施。

本章所述係將國家課程委員會於一九九〇年印發的兩册課程指引內容（NCC, 1990e; 1990f）轉譯而成：一是經濟與產業知識，二是環境教育。此二者均爲跨聯課程之一，不單獨設科，有賴教師統整安排於各科相機教學，或各項活動中實施。綜觀上述教學目標和內容，要皆與人的生活緊密相關，允爲社會科課程範圍，亦係我國當前急需加強補充部分，頗値參考。

第七章　英國小學社會科主要教學問題與發展趨勢

回顧前述六章內容，概知英國小學課程並無社會科之設置，但並不表示他們忽視社會科教育。一九八八年教育改革法案頒行之後，強調學校課程整全設計理念，希望在各科教學、各類活動、和各項措施中通力配合，共同完成社會良民，世界公民之培育。當今法定社會科課程領域中，設科者有地理、歷史、和宗教教育；未設科者有公民教育、經濟與產業知識、環境教育、健康教育、和生涯教育與輔導等五項（合稱跨聯課程）。有關課程之內容和教學目標，本文三至六章已予介紹，至於其教學上的困難問題及發展趨勢，則扼述於後。

第一節　主要教學問題

英國小學社會科教育實施情形並不理想，已如本文第二章第三節所述。至於一九八八年國家課程訂頒以後有無改善，仍舊存在的主要困難問題有那些，茲作進一步探討如下。

羅吉斯（Rogers, 1968）訪查英國小學社會科課程教學情形後，提出其缺點包括：一、過分拘泥於皮亞傑的認知發展階段理論，致使教學進程呆滯，阻礙部分學生的潛能開發；二、忽略兒童在價值觀念、態度、偏見、刻板印象等方面的培養或輔正；三、教師規劃教學計畫時常採兩極端之一：或自行決定教些什麼，或由學生自己決定學什麼。忽略使用第三種可能：即依據社會科學的原理原則或概念爲經緯，據以選輯教材內容；四、教材內容編排，缺乏合理的先後次序及輕重緩急；五、過分強調切近現實生活的、本地鄉土的教材內容，忽視了較未來的、遠景的、廣濶的教材範疇；六、過於重視個人實際經驗及個別事實的瞭解，而忽視了比較高層次概念性的理解和掌握。例如「毛料」單元教學過程中，用去大部分時間探討毛料的製造過程，殊少觸及毛料在經濟、社會和政治層面的影響或關係；七、地理教學過於強調自然地理內涵，而忽略了人文地理的介紹；八、有意避談社會生活中具體存在的衝突（conflict）現象的探討，並非良策；九、教師喜採專題探討教學方法（topic work），常有鬆散、放任現象，致令缺乏系統和連貫而降低教學成效；十、欠缺思考啟發，以及問題解決能力訓練方面的重視。

各校教學狀況是否因著一九八八年教育改革法案之頒行而有所改善，爲人所關注。根據英國皇家督學室所提一九八九～一九九〇年度視導報告指出：一般而言，中小學的總體表現被評列「滿意」和「非常滿意」等級者，佔百分之七十；小學閱讀教學的滿意度，更高達百分之八十。但是工技、歷史、地理、藝術、音樂等科，似乎未能達到應有水準；宗教課程表現更不理想，約有五分之三學校被考評爲有待加強。

專題探討教學活動，過去流於形式或反複重疊，或缺乏整體計畫及連貫的現象，經過國家課程的推行、宣導之後，已有長足進步，尤以歷史、地理兩科的教學，顯著改善。

學生上學出席率平均爲百分之九十三，在校行爲表現堪稱良好。大部分學校均能營造一個積極、和諧的校園氣氛（DES, 1991a）。

國家課程逐步實施二年後，教育科學部發表專案小組的考評資料指出（Alexander, *et al.*, 1992），下列困難仍待改善：

一、過多的專題探討活動設計教學流於形式和支離瑣碎，希望課前妥善計畫並多以單獨科目施教爲宜。

二、全班教學、分組工作和個別學習三種教學策略，宜更切合教材內容及教學目標妥善應用。不少學校過於忽視全班教學的功能和使用，根據調查指出，全班教學時間約只佔三分之一。

三、自然科學及資訊科技教學比以前改進，而社會責任感及價值觀念培養方面，仍是比較令人滿意的部分。

四、單科教學時間約只佔百分之三十，而以音樂、體育、數學和英語文爲主；其餘科目大都採用專題探討活動設計。

五、小學階段國家統一課程共有九個科目，包班制下假定每位教師均有足够知能教好全部科目，但事實上困難很多。因此，建議各校能够培植各科專長教師，俾便交相支援；或設置課程協調人員，以便協助解決。

歸納上述文獻，概約可見英國小學社會科課程之教學問題，主要有：

一、專長教師缺乏。英國小學基本上採包班制，班導師通常負責各科教學，教學時有力不從心之感，此一現象與國內相似。

二、專題探討活動（topic or project work）教學方式使用過多，並且教材統整不够，銜接不良，而有重複、流於形式之弊。因此，減少了單獨科目教學時間，學習成效受到影響。

三、講述教學不足。由於專題探討活動多，課堂教學經常呈現三種師生互動型態：㈠是全班（講述）教學；㈡係分組活動；㈢為個別習作。其中全班教學佔用時間約佔三分之一，減損教師條理傳道、授業之功，學生所習有限，為人詬病。

四、資質特優或較差學生，未能獲得應有照顧；惟國家統一課程標準已針對此點缺失有所補救。

五、偏重事實的瞭解和知識的累積，未能啟發其思考，培養其創意以及批判抉擇的能力。

六、社會科學原理原則的理解，及其方法之應用，尚未受到重視。此或與師資素質有關。

七、教材的選用及先後緩急排列欠佳，趨向本地及現實社會事務之探討，而未能放大眼光，前瞻未來，放眼天下。惟此一缺失已獲國家統一課程予以補救。

八、避談衝突（conflict）概念或事項，有關政治、經濟和社會學領域知能亦少觸及，取材不够周延。惟此一缺失已由國家統一課程標準加以改善。

上述缺失之外，筆者親自訪問十所倫敦地區小學發現：過去長期沒有課程標準，進度隨便，缺乏評鑑制度的傳統，至今仍然殘存，影響教學。一九八八年後雖因國家課程之頒行，有了課程標準，教學目標具體，教學綱要明顯，又設專責單位定期辦理會考評鑑，但仍存在著下列困難問題：

一、教學設備貧乏。或因財力困難，或因觀念偏差，或因教師素質，一般學校相當缺乏社會科有關科目之教具和設備。

二、沒有固定的教科書。教學用書端賴出版社爭取供應，學校也延續傳統不指定版本，因此任課教師須自己發展課程，編選教材；而學生沒有課本，全靠教室供應的各類讀物供閱讀。在此狀況之下，教師遇到不專長科目，其教學情景宛如一個不會煮菜的人，在沒有食譜可資參考狀況下煮菜一般。

三、評量制度未能建立。課前計畫準備，課後評鑑檢討至爲重要。然而，英國一般小學不若國內有定期評量制度，只是原則要求教師進行評量，但並未認眞執行與考核。學年結束固須有學習評量報告，但學期間（一年三學期）慣以不主動繕發評量表或成績單；如此鬆散制度之下，師生同感自在而缺乏績效。

四、時間分配無定準。國家課程標準不規定各科時間分配量，只原則上提示：由教師斟酌決定，但須以能夠完成教學目標爲要。根據筆者訪查十所倫敦地區小學得知，歷史和地理每週各約八十分鐘，但因大都採取專題探討大單元教學方式，確切分鐘數實難計算。至於未單獨設科的跨聯課程所能分享的時間，則更難把握。

面對上述新舊困難問題究應如何改進，專家學者費過腦筋，政府有關當局也研提建議。茲分別引述文獻一則，以供參考。

一、艾倫（Allen, 1960, pp. 154-192）認爲良好的教學須依下列實施要領進行：

㈠課前調查了解——要項如下：

1. 學生已學會那些？
2. 學生欠缺那些？
3. 學生曾接受過那些教學經驗或方法策略？例如他們習慣於塡鴨式教學，或是積極主動參與的教學。
4. 班級成員的社會結構如何？學生特質如何？
5. 那些教學方法或策略比較切合他們？
6. 校內、外有那些教學資源可以取得備用？

上述六項調查有些瞭解之後，便須進行第二步驟。

㈡撰擬整年或全學期教學綱要

教學綱要通常由同年級老師共同研商擬訂，其一般格式如下：

單元名稱	主要概念	單元目標	可用資源教具及參考書籍	擬應用之教學方法	週別	備註
	1.	1.			1.	
	2.	2.			2.	
	3.	3.			3.	
	4.					

㈢安排教學時間表（課表）

英國小學上課各科目時間表大體有兩種安排方式：一爲以學期爲單位，每週固定；一爲以週爲單位，每週酌情變動調整。下列五項是常見的課表安排要點：

1. 社會科安排在下午上課。
2. 一節課通常不少於六〇分鐘。

3. 一節課中教學活動經常包括全班教學、分組活動和個別學習三種型式。
4. 全班教學時間以不超過三〇分鐘爲宜。
5. 教師可依進度及教學需要，自由調整上課時段及時間長度。

㈣紀錄上課情形

紀錄內容有兩類，一是教師教學過程，二是學生學習狀況。前者包括教材重點、方法策略、教具資源、優缺點等；後者著重在每個學生學習成效，態度表現等的描述或評鑑。由於英國小學殊少安排全校性段考時間，有關學習成績之評量，更加仰賴平日上課情形的記載。

㈤善用教學資源

社會科教學，常須使用實物、模型、地圖、圖表、圖片、投影片、幻燈片、影片（含錄影帶）、錄音帶等教具外，他如校外實地參觀、邀請校外人士到校演示等，也是相當具有成效的輔助策略。

二、英國皇家督學於一九八九年提出呼籲，小學地理和歷史科教學，應力求達到下列要領（HMI, 1989, pp. 15–23）：

㈠全學期的教學大綱設計完整。
㈡專題探討設計所包括各科教材份量要分配妥善。
㈢瞭解校內、外可用資源。

㈣知識、理解、技能三項教學目標的掌握。
㈤留意教材的連續性，和兒童的進步成長。
㈥教師善用討論法和發問以引導學習。
㈦全班教學、分組活動、或個別學習三類編組型式的應用，預先構想敲定。
㈧教學進程由近及遠，由簡而繁。
㈨重視參觀、訪問、實地訪查等歷程。
㈩鼓勵發表、展示以增進其溝通能力。
⑾培養美感與創意。
⑿善用各項資源，包括圖書館、博物館、社區人士等。
⒀隨時考查並加記錄。
⒁責成專長教師協助策略，張羅教具教材，並建立檔案以供參考。

上述主要教學缺失，可供吾人惕勵；所述改革意見，也可供參考。

第二節　發展趨勢

縱觀其演變過程，橫看其現行制度與實況，爰提英國小學社會科課程未來發展趨勢如下：

一、課程日趨統一標準，中央日益關心教育。一九八八年教育法案的頒行，顯示英國政府教育政策已由放任、自由轉趨爲嚴肅和約束。從而不但科目國定，教學目標和綱要統一，而且設定統一會考時間，形成一股由上而下的要求與壓力。當然，相對的服務與支援也將繼續增加，例如各種教學資料的提供，教師在職進修（INSET）活動的舉辦等。

二、避免設科名稱之爭，但求落實有效施教。社會科一詞含義廣雜難定，相近名詞使用頻繁，例如公民教育、個人與社會教育、政治教育……等等。有鑑於此，英國當局採取整全課程理念，化整爲零，期使科科有緣，人人有責，共負社會科教育之責。現行國家課程中，比較相關科目計有歷史、地理、宗教教育、環境教育、經濟與產業知識、公民教育、健康教育、生涯教育與輔導等（後列五科統稱爲跨聯課程）。

三、協助兒童充分發展並爲成人生活預做準備，是英國傳統教育目標，亦爲新課程標準所揭示的教學目標。顯示社會科教育自古以來卽爲英國所重視，未來可望不變。

四、重視世界研究或地球村教育，加強培養世界觀公民。英國早在一九二〇年代卽強調國際瞭解教育的重要，並於一九三〇年代成立世界公民教育委員會，加強推行。時至一九八〇年代，風氣更盛，所謂世界研究、多元文化教育、發展教育、和平教育等名詞與活動紛紛展開。一九八五年聖・馬丁學院（St. Martin's College）出版《世界研究：八～十三歲》（*World Studies 8-13*）一書，認爲世界研究旨在協助兒童發展其生活在多元文化社會和相互依存世界，做個有責任感的人所須具備的知識、技能、和態度（Campbell & Little, 1989, p. 123）。世界研究教育受到重視，主要因爲㈠符合英國人認定的教育目的內涵；㈡迎合兒童的興趣；㈢配合民主法治教育的需要；㈣切中全球當前危機與弊病，包括不平等、暴力、缺乏正義、環境破壞、和疏離感等。

五、教學目標強調知識、理解、技能和態度兼重。就技能而言，社會科教學希能增進學生下列技能（Birchenqugh & Letheren, 1980, pp. 4-5）。

㈠廣從不同資源如圖片、圖表、參考書、他人等，尋求資訊的能力。

㈡抽取可信資訊的能力。

㈢應用概念、通則，以組織資訊的能力。

㈣提出假設的能力。

㈤清楚瞭解自己的態度、價值觀、意見等，並用與他人的看法相比較的能力。

㈥參與小組工作、討論，並聽取他人看法，提出辯解的能力。

㈦使用語文及參考資料，做紀錄和組織資料的能力。

㈧閱讀地圖、地圖集鑑和地球儀，被視爲研習史地的基本技能。

㈨應用資訊科技的能力亦被視爲史地科目研習必備技能之一。例如應用電腦統計、繪製圖表、設計程式、印製資料等，均感方便。他如視聽媒的製作和使用，也被鼓勵學習。

態度培養方面，希能增進：

㈠對事情關心並探究原因，常問爲什麼？如何？何時？

㈡具有同理心，設身處地的思慮問題或事務。

㈢實事求是，尊重他人。

㈣樂於瞭解並體認不同社會組織、機構的異同點。

上述基本能力和態度僅撮其要，其他內容可參看前述各章課程標準；知識與理解方面之內涵亦同。

六、教學歷程學思並重，傳遞式（transmission）和轉化式（transformation）兼顧。一九八九年康貝爾和厲特（Campbell & Little, 1989, pp. 12）二人在《小學的人文科學》（*Humanities in the Primary School*）一書上寫道：傳遞式的教學，偏重灌輸塡鴨。即教師把自己（或課本）認爲好的教材——認知和情意的傳授給兒童，要他們照做、照抄；評鑑時則以複誦（述）或照做數量的多寡，據以評定高低。

轉化式的教學，強調應用、衍生。即教師提供知識經驗、事實資料等給兒童參考，鼓勵他們思考、批判、討論，對照比較新舊經驗，進而重整、轉化出新的結果。評鑑時不徒重知識理解，而兼重批判、推測及新的詮釋能力等。

傳遞式教學好比玩拼圖，要求懂得照樣做，爲知識經驗獲得之主源；轉化式教學則宛如玩積木，貴能創新、改造，但仍須以舊經驗爲基礎，係應用發明之活水。二者並非截然不同，應可相輔相成，共生共茂。

七、注意個別差異，照顧特別需要學生。傳統的課程和教學未能適當輔導特殊需要學生，爲人詬病。國家統一課程標準，特將教學目標分成十級，以加強其連貫性和成長性，教材並列有專供程度較佳學生使用部分。凡此種種，均顯示對個別差異輔導的重視。

八、充分應用教學資源，教學講求生動活潑和效能。社會科教學除課本教材之外，視聽媒體如幻燈片、投影片、錄影帶、電視廣播電臺節目（英國廣播公司BBC製作許多）都是他們常用的輔助教材。其他校外資源如歷史古蹟、博物館、藝術館、動植物園、警察單位、法院、議會等都是教學應用的對象。筆者曾見學校邀請附近警察騎馬到校，向學生介紹「馬和警察工作」（如照片一）；又見教師帶領學生參觀大英博物館，一手拿筆，一手拿張問卷，邊看邊找答案（參見照片二），誠乃可效法之處。

九、專題探討活動設計仍將廣泛使用，但會日益條理貫達。英國教育行政單位及一些學者，指責學校使用過多專題探討教學方式，而且教材鬆散、重複，績效不彰等。然而，此一教學策略有其特色並具功能：㈠生動活潑，學生由積極參與中，習會專題內容；㈡經由探討過程增進學生基本技能。茲舉一例以供參考（Schools Council, 1981, p. 12）。

專題名稱：公車服務（適用七～九歲兒童）

教師指導學生就其居家附近居民常搭公車路線爲主，畫出路線圖及沿途各站，訪視終點站運作情形，並提出下列問題要學生去尋找答案：

家人及朋友常搭那線公車？爲什麼？他們通常在那個時段搭乘？公車服務品質好嗎？漸好還是日差？爲什麼？搭公車的優、缺點有那些？假如公車停開會有什麼後果？

前瞻未來，由於國家統一課程有標準做爲依循參考，二因行政單位不斷提示改進，相信專題探討活動設計仍將是社會科教學的重要策略，且將日益改善過去的缺失。

十、加強教學評量工作。傳統上，英國小學學期中沒有定期考查（即國內的段考），學期末不必正式發給成績單，只須在學年末完成學年成績考查表即可。成績評量表沒有分數和等級，主要用文字敍述作質的評量。制度使然，常見教師疏於評量教學成效，更忽略學生學習狀況之紀錄，因而學業水準低落。國家統一課程，打破成規，提出標準，設定時間，小學分兩次（七歲及十一歲）舉行校外評鑑（會考）。此一政策立即引發反彈，但也促動改進。各地方教育行政單位督導各校加強平時考查，設計印製學生學習紀錄表（如附件二），加強考評以備迎戰會考。

考核與評量，應兼重日常考查和期末總結性測驗。評鑑內容包括知識的、理解的、思考的、踐行的、和態度的等各領域。考評方式，則筆試、口試、作業、報告、討論發言等都是評分的項目。

十一、繼續重視宗教教育功能，以強化人生信念。英國自有學校教育，宗教崇拜儀式即在校園舉行。一九四四年教育法案正式以法令規定：㈠所有中、小學每天舉行團體宗教儀式，每位學生均須參加；㈡宗教教學須排定時間，視爲正課，每位學生均須修習（Cox & Cairns, 1989）。一九八八年教育法案克紹箕裘，繼續規定，只是把宗教教學改用宗教教育（Religious education）。宗教的教育功能是多元的，有謂它可以促進兒童對教義、信仰、和宗教活動的認識，從而建立或加強自己的信仰，尊重他人信仰，並對人性、世界、大自然問題有所探討。有謂宗教教育對個人的生理保健、行爲表現、情性陶冶、精神修爲、社會發展及心理健康，有所助益（ILEA, 1968; Wakeman, 1984）。

筆者參加多次英國小學宗教崇拜活動。一般而言，每次十五分鐘左右，類似我國晨會，只是他們沒有升旗儀式。他們的集會（assembly）時間就是團體崇拜時間，但不以此爲限，間或安排講話、溝通、頒獎、學生表演等活動。常見校長利用集會宣講（讀）宗教有關的故事，有時則請由教師主持。

英國重視宗教教育，或可視爲其社會科教育特色之一。

十二、加強師資培訓，提高教師素質。英國小學師資培育機關大體分爲三類：大學的教育學院、高等教育學院、及多元技術學院，採學士後師資班和學士學位師資班兩制並行。由於小學以包班制爲原則，故常有專長教師難找之苦。配合國家課程之推行，教育當局投下資金辦理在職進修活動，並積極研究如何改善教師培訓。例如劍橋大學提議延長學士後師資班修業二年，而且百分之八十的課程在中、小學施教，減少在大學上理論課程之份量。又如皇家督學報告指出：小學教師每人應有某科教學專長，藉能協助其他教師改進該科教學。因而師資培育課程，宜在一般教育專業課程之外，輔導學生選擇某一領域發展成爲自己的教學專長科目（Campbell & Little, 1989; Dickinson, 1992）。

社會科內容廣雜，專長教師難得。英國近年以來爲配合國家課程實施，在師資養成及進修教育上所做的努力和嘗試，可供吾人參考。

十三、人文教育（humanities）日漸形成社會科的代名詞。人文科學一詞始見於歐洲文藝復興時代，它的內涵如何，迄無定論。但若就小學課程而言，歷史和地理兩科被視爲人文學科概無疑義，宗教教育則部分屬是。英國中、小學爲克服重複教學之弊，減少科目過多時間不易安挿之苦，部分學校乃採用人文學科一詞，用以含蓋歷史、地理等科教材，甚而兼容其他社會科學領域內容（Campbell & Little, 1989, p. 1; DES, 1988）。

然而，人文教育的發展是否會遭遇社會科同樣的困難，不無疑問。社會科爭取獨立設科所受到的批評和反對理由，計有：㈠社會科一詞範圍過廣，內涵難定，而且知識系統鬆散；㈡歷史和地理學家認爲如將歷史、地理和其他相關科目合併改稱社會科，宛如端出大雜燴式的課程，有損學術尊嚴；㈢師資素質配合不易，例如歷史和地理專長教師，未必能有效掌握政治、經濟、社會等其他領域教材內容；㈣社會分工和經濟發展日趨專精分化，學校課程和各項考試（如就業考試）均朝此方向配合，豈能獨讓社會科背道而馳；㈤社會百態並非探討現況就能了解眞象並把握未來，宜採歷史觀點以較長時間去檢視因果，尋求脈絡，方期可成（Lawton & Dufour, 1973; Rogers, 1968; School Council, 1981）。

人文教育在小學課程上的發展前景，值得注意。

十四、重視批判思考和抉擇、執行能力之發展。批判思考（critical thinking）表現在對事物關係和價值的瞭解、評估、和判斷。當今資訊發達，價值多元的社會環境裏，無論個人生活或社會生活每天所面臨的事物既多且雜，如何釐清、把握其關係，洞悉、評估其價值，進而作一抉擇，採取行動並參與其中，實乃現代社會良民必備資質。

英國小學歷史和地理科，重視專題探討、校外參觀、實地訪查、和討論等教學策略之應用，表現出他們對這方面教育功能的重視。

十五、留意培養合作共事和同享成果的團體觀念。英國小學教室互動關係，師—生互動固然濃，生—生互動也不弱。例如教室座位的安排，四人圍坐者多，個人獨坐者少；桌椅多呈不規則安排，而少排列整潔如國內者（參見圖片三、四）；平日需用之鉛筆、擦布、小刀等文具，乃至於書本，由學校備妥在教室，大家分享使用（參見圖片四）；教學上課常採分組活動，重視合作學習歷程，減少眾生對一師之仰賴。凡此種種教學實施，不無潛移默化之功，而同歸於社會良民培育的教育功能。

註：英國國家統一課程歷史、地理兩科實施日期如下：

五～七歲年段之第一年　　一九九一年八月起實施
八～十一歲年段之第一年　　一九九一年八月起實施
十二～十四歲年段之第一年　　一九九一年八月起實施
十五～十六歲年段之第一年　　一九九四年八月起實施

附錄一

附 錄 二

Primary Learning Record

Teachers should bear in mind LEA policies on Equal Opportunities (e. g. race, gender and class) and on special educational needs in completing each section of the record.

School	Year Group ☐	School Year ⌊ , ⌋
Name	DoB ⌊ , , ⌋ ☐Boy ☐Girl	Summer born child ☐
Languages understood Languages spoken	Languages read Languages written	
Details of any aspects of hearing, vision, coordination or other special needs affecting the child's learning. Give the source and the date of this information.	Names of staff involved with child's learning development.	

Part A To be completed during the Autumn Term

A1 Record of discussion between child's parent(s) and class teacher

Signed Parent(s) .... Teacher ....

Date ....

A2 Record of conference with child

Signed Child .... Teacher ....

Date ....

Part B To be completed as far as possible during the Spring Term and to include information from all teachers currently teaching the child.

B1 Language/English

PC1 Talking and listening Please comment on the child's development and use of spoken language in different social and curriculum contexts, in English and/or other community languages: evidence of both talking and listening for learning and thinking; range and variety of talk for particular purposes; experience and confidence in talking and listening with different people in different settings.

....

PC2 Reading Please comment on the child's progress and development as a reader in English and/or other community languages: range, quantity and variety of reading in all areas of the curriculum; pleasure and involvement in story and reading, alone or with others; range of strategies used when reading and the child's ability to reflect critically on what is read.

The stage of reading at which the child is operating ....

(*Refer to the Reading Scales in Appendix A*)

PC3 Writing Please comment on the child's progress and development as a writer in English and/or other community languages: degree of confidence and independence as a writer; range, quantity and variety of writing in all areas of the curriculum; pleasure and involvement in writing both narrative and non-narrative, alone and in collaboration with others; influence of reading on the child's writing; growing understanding of written language, its conventions and spelling; development of handwriting.

What experiences and teaching have helped/would help child's language and literacy development in this area? Record outcomes of any discussion with head teacher, other staff, or parent(s).

Stage of English learning for bilingual children ....

(*Refer to Stages of English Learning in Appendix B*)

B2 Mathematics ATs 1-14/NATs 1-5 *Using and applying Mathematics; Number; Algebra; Shape and space; Handling data.*

Please comment on the child's progress and development as a mathematician using English and/or other community languages: degree of confidence, independence and curiosity in Mathematics; pleasure and involvement in a variety of activities, alone and in collaboration with others; range of strategies used; ability to reflect on and draw conclusions from observations; growing understanding of mathematical processes and concepts.

What experiences and teaching have helped/would help development in this area? Record outcomes of any discussion with head teacher, other staff, or parent(s).

B3 Science ATs 1-17/NATs 1-5 *Scientifc investigation*; *Life and living processes*; *Earth and environment*; *Materials and their behaviour*; *Energy and its effects.*

Please comment on the child's progress as a scientist using English and/or other community languages: degree of confidence, independence and curiosity in Science; child's pleasure and involvement in a variety of activities, alone and in collaboration with others; range of strategies used in science invessigations; ability to reflect on and draw conclusions from observations; growing understanding of tcientific processes and concepts.

What experiences and teaching have helped/would help development in this area? Record outcomes of any discussion with head teacher, other staff, or parent(s).

B4 Foundation Subjects and Religious Education

- Please comment on the child's progress and development in these curriculum areas, including topic-based work: degree of confidence and independence shown by the child; range and variety of experience in the subject; range of strategies that are used; knowledge and understanding of the subject; ability to reflect on own learning.
- What experiences and teaching have helped/would help development in these areas? Record outcomes of any discussion with head teacher, other staff, or parent(s).

Teachers of young children may wish to organise the space in a way appropriate for recording progress and development in the Early Years.

Art

Geography
(*ATs: geographical skills,
knowledge and understanding
of places, physical geography,
human geography,
environmental geography*)

History
(*ATs: knowledge and
understanding of history,
interpretations of history,
use of historical sources*)

Music

Physical Education

Technology
(*PCs: design and technology, information technology*)

Religious Education

Signature of head teacher and all staff contributing to this section of the record ....

.... Date ....

Part C To be completed during the Summer Term (or by Summer half-term for children in Year 6). *This section has two purposes: it provides a report for parents of the child's progress and achievements this year; it also provides an up-to-date summary of the Primary Learning Record for the receiving teacher.*

C1 Please comment on progress and development in the Core subjects, the Foundation subjects and Religious Education: confidence and independence; learning strategies; knowledge and understanding across the curriculum; ability to reflect on own learning. Include particular strengths and needs, and suggestions for supporting the child's learning in the coming year.

Core subjects (including topic work)

Foundation subjects and Religious Education (including topic work)

Levels of achievement at end of Key Stages 1 ☐ and 2 ☐ (please tick appropriate box)
(*Must be completed in years when pupils are formally assessed*)

Subject	PC1	PC2	PC3	level
English				
Mathematics				
Science				

Subject	level
Art	
Geography	
History	

Subject	level
Music	
P. E.	
Technology	

More detailed information about levels of achievement is available if required.

C2 Other achievements

C3 Experiences that would help further development

C4 Child's reflections on the year's work

C5 Comments by the child's parent(s)

Attendance (Matters of attendance which have significantly affected the child's schooling)

Signed Parent(s) .... Child ....
Teacher .... Head teacher ....
Date ....

參考文獻

一、中文部分

洪若烈（民七十五）國民小學社會科課程理想內涵研究，板橋：教師研習會。

黃炳煌、歐用生等（民七十六）國民小學社會科教育目標研究，載於教育部人文及社會科教育指導委員會編：中小學社會學科教育目標研究，臺北：三民書局。

教育部（民六十四）國民小學課程標準。

臺灣省國民學校教師研習會（民八十）國民小學兒童社會科知能評量研究，板橋：教師研習會。

歐用生（民八十）國民小學社會科教學研究，臺北：師大書苑。

二、英文部分

ACE (1989) *Education Reform Act 1988*, London: Advisory Center for Education.

Alexander, et al., (1992) *Curriculum Organization and Classroom Practice in Primary Schools*, London: DES.

Allen, G. (1960) *Social Studies in the Primary School*, Melbourne: MacMillan.

APU (1981) *Personal & Social development*, London: DES.

Batho, G. (1990) The History of the Training of Civics and Citizenship in English School, *The Curriculum Journal*, 1, 1:91-107.

Birchenqugh, M. & Letheren, R. (1980) *Social Studies in the Primary School*, London: ILEA.

Board of Education (1931) *The Primary School (The Hadow Report)*, London: HMSO.

Bourne, H. (1905) *The Changing of History and Civics*, London: Longmans, Green.

Buck, M. I. (1987) *Personal and Social Education in Urban Sschools*, (*Unpublished Dissertation*, University of London).

CACE (1967) *The Plowden Report: Children and Their Primary Schools*, London: HMSO.

Campbell, J. & Little, V. (Eds) (1989) *Humanities in the Primary School*, London: The Falmer.

Commission on Citizenship (1990) *Encouraging Citizenship*, London: HMSO.

Cox, E. & Cairns, J. M. (1989) *Reforming Religions Education*, London: Kogan Page.

David, Kenneth (1982) *Personal and Social Education in Secondary Schools*, London Longman for Schools Council.

DES/HMI (1980) *A View of the Curriculum*, London: HMSO.

DES (1981) *The School Curriculum*, London: HMSO.

DES (1985) *The School Curriculum*, London: HMSO.

DES (1988) *History from 5 to 16*, London: HMSO.

DES (1988) *A Survey of Personal and Social Education Courses in Some Secondary Schools*.

DES (1989) *The Curriculum from 5-16 (2nd editions)*, London: HMSO.

DES (1989b) *Personal and Social Education: from 5 to 16*, London: HMSO.

DES (1989c) *National Curriculum: from Policy to Practice*, London: HMSO.

DES (1990a) *National Curriculum: History Working Group Final Report*, London: HMSO.

DES (1990b) *Geography for ages 5 to 16*, London: HMSO.

DES (1991a) *Standards in Education 1989-90*.

DES (1991b) *History in the National Curriculum*, London: HMSO.

DES (1991c) *National Curriculum (Section 4 Order): History* (Circular No 4/91).

DES (1991d) *Geography in the National Curriculum*, London: HMSO.

DES (1991e) *National Curriculum (Section 4 Order): Geography* (Circular No 5/91).

DES (1992) *Education Statistics for the U. K.*

DES (1992a) *Statistics of Education: Schools* (1991).

Dickinson, A. (1992) *Perspectives on Change in History Education*, London: University of London.

Dirassouian, E. (1980) *Child Socialization and the British Education system: a study of trends & practices* (Unpublished Dissertation, University of London).

Ebel, R. L. et al., (Eds) (1969) *Encyclopedia of Educational Research* (4th edition), London: MacMillan, pp. 1232-1235.

Edwards, J. & Fogelman, K. (1991) Active Citizenship and Young People, in Fogelman, K. (Ed.) *Citizenship in Schools*, London: David Fulton.

Emerson, C. & Goddard, I. (1989) *All about the National Curriculum*, Oxford: Heinemann.

Evans, E. (1977) *Freedom and Responsibility in the Primary School* (Unpublished Dissertation, University of London).

Gyte, G. & Hill, D. (1991) Citizenship in Schools in Fogelman, K. (Ed) *Citizenship in Schools*, London: David Fulton.

HMI (1989) *The Teaching and Learning of History and Geography*: *Aspects of Primary Education Series*, London: HMSO.

Hubback, E. M. & Simon, E. D. (1931) *Education for Citizenship*, London: Board of Education.

Husen, T. & Postlethwaite, T. N (Eds) (1985) *The International Encyclopedia of*

Education Research and Studies, Oxford: Pergamon Press, pp. 4647-4655.

ILEA (1968) *Learning for Life, London*: ILEA.

ILEA (1980) *Social Studies in the Primary school*, London: ILEA.

Kelly, A. V. (1990) *The National Curriculum: A critical review*, London: Paul Chapman Publishing. London: David Fulton

Lynch Smalley (1991) Citizenship Education, in Fogelman, K. (ed) Citizenship in Schools, London: David Fulton.

Lawton, D. & Dufour, B (1973) *The New Social Studies*, London: HEB.

Madeley, H. M. (1920) *History as a School of Citizenship*, Oxford: Oxford University Press.

Marshall, T. H. (1950) *Citizenship and Social Class, Cambridge*: Cambridge University Press.

McNiff, Jean (1986) *Personal & Social Education*, Cambridge: CRAC.

McPhail, Peter (1982) *Social & Moral Education*, Oxford: Basil Blackwell.

NCC (1990a) *Education for Citizenship*.

NCC (1990b) *The National Curriculum: Informationpack* (No. 2).

NCC (1990c) *The National Curriculum and Whole Curriculum Planning-circular 6.*

NCC (1990d) *The Whole Curriculum*: Curriculum Guidance 3.

NCC (1990e) *Environmental Education*: Curriculum Guidance 7.

NCC (1990f) *Education for Economic and Industrial Understanding*: Curriculum Guidance 4.

NCC (1991a) *History*: Non-statutory Guidance.

NCC (1991b) *Geography*: Non-statutory Guidance.

Pring, R. (1984) *Personal and Social Education in the Curriculum*, London: Hodder & Stoughton.

Rogers, V. R. (1968) *The Social Studies in English Education*, London: Heinemann Educational Books.

Schools Council (1981) *The Practical Curriculum*, London: Methuen Educational.

Schools Council (1981) *The New Approach to the Social Studies.*

Thomas, N. (1990) *Primary Education from Plowden to the 1990s*, London: Falmer.

Wakeman, B. (1984) *Personal, Social and Moral Education*, Tring: Lion.